Ogogoro: A Nigerian Narrative in Pidgin English

Ogogoro: A Nigerian Narrative in Pidgin English

by

Dr. Oluwagbemiga Ogboro-Cole

Dr. Oluwagbemiga Ogboro-Cole
Ogogoro

Published by Spines
ISBN 979-8-89383-595-3

Contents

Dedicated to my daughter, Anna-Sophie Enitan Ogboro-Cole, to my late Parents who made stories out of my world, to my wonderful wife, Tinatin. Above all, I give praise to God for his blessings and for his guidance in all my endeavors.

Acknowledgements

The world is a better place because of people who desire to develop and lead others, particularly Nigerians, who strive to take on all of the obligations of governance in Nigeria called "do it yourself" They provide almost everything by themselves in hardship. I'll start by thanking Professor Wendy Southerland (Florida, USA). At the very beginning of this book, I am grateful for your suggestions.

To the real people in some characters mentioned in this work, I acknowledge my brothers Briant Kenneth Julian (New Orleans, USA), Felix Langam(Wiesbaden,Germany), Satti Abdel-latif (Mainz, Germany), thank you all for not allowing Covid-19 to take over our freedom.

I would like to acknowledge the African Literature Association (ALA, USA), the African Studies Association (ASA, USA), for the promotional efforts towards making African writers realize their dreams.

Special appreciation to Dr. Julius Anang (Winipeg, Canada), Dr. Nnamdi Emmanuel Iwueze (Stuttgart, Germany), and Mrs. Alade Sidikat, A Deputy Director of Education (Lagos, Nigera) Dr. Issac Ogunjobi (Nackenheim, Germany).

To Mr. Daryl, Mrs Marriot Donath, Mrs.Jumoke Coker, Ms. Marinique Banks

Thank you to everyone on my publishing team Andres Herrera , Production Manager(USA) especially Shanae Anderson (USA), for constantly reminding me and encouraging me to publish this book.

To all my friends who I couldn't write their names this time in this book, you are all in my heart.

Finally, my gratitude's goes to all my family, the Ogboro-Cole clan in Nigeria.

Introduction

The book explores the concept of "Nigerian's" and the challenges faced in defining a unified national identity. It delves into the complexities of Nigeria's diverse ethnic groups, languages, and cultural practices, highlighting the need for acceptance and understanding among its citizens. Through the character of Ogogoro, the book challenges the stereotypes and prejudices associated with local drinks and the people who consume them, advocating for a more inclusive and tolerant society. The narrative also delves into the political landscape of Nigeria, examining the corruption, power struggles, and lack of accountability that plague the country. It exposes the flaws in the governance system and the detrimental effects it has on the lives of ordinary Nigerians. By presenting these issues through the lens of everyday interactions and experiences, the book provides a nuanced understanding of the social and political dynamics at play in Nigerian society.

In addition, the book explores the role of religion in Nigerian society and its impact on daily life. It examines the influence of religious institutions on moral values and behaviors, as well as the tensions that arise from the coexistence of different religious beliefs. Through the character of Ogogoro, the book challenges the rigid moral standards imposed by religious organizations and encourages a more open-minded and inclusive approach to spirituality. Overall, "Ogogoro: A Nigerian Narrative in Pidgin English" offers a unique and insightful perspective on Nigerian society. It explores the complexities, contradictions, and challenges faced by its people, while also celebrating the resilience, humor, and spirit that define the Nigerian experience. Through its exploration of social norms, cultural practices, and political realities, the book provides a rich and engaging portrayal of life in Nigeria. The issues of poverty, corruption, inequality, terrorism, high child mortality rate, high unemployment rate, poor handling of standard education, and religious divisions among the people are pressing concerns that plague Nigeria. These problems have hindered the country's progress and development, leaving many Nigerians trapped in a cycle of poverty and despair. However, amidst these challenges, there is a glimmer of hope in the form of Pidgin English. Pidgin English, a language that emerged during the colonial era, has become a powerful tool for communication and expression in Nigeria. It has transcended its origins as a language of the streets and has gained widespread acceptance, now being considered the second language of the country. One area where Pidgin English has particularly thrived is in the realm of entertainment, especially in stand-up comedy. Nigerian comedians have embraced Pidgin English as a means to connect with their audience, using its colloquial and relatable nature to deliver their jokes and stories. This has not only entertained the masses but has also provided a platform for social commentary, allowing comedians to shed light on the pressing issues that plague Nigerian society.

Never the less, the incorporation of Yoruba words and proverbs in storytelling adds depth and richness to the language. Yoruba, one of the major ethnic groups in Nigeria, has a rich cultural heritage that includes a vast collection of proverbs. These proverbs are purposefully used in storytelling to enhance the narrative and convey deeper meanings. By incorporating Yoruba proverbs, the author aims to foster a strong interpersonal connection with the readers, drawing them into the story and allowing them to experience the cultural nuances of Nigeria. In essence, this text not only addresses the pressing issues faced by Nigeria but also highlights the power of language in bridging divides and fostering connections. Pidgin English and the incorporation of Yoruba proverbs serve as vehicles for communication, allowing Nigerians to express themselves, entertain, and educate. Through the use of these languages, the author aims to shed light on the complexities of Nigerian society and foster a sense of unity and understanding among its people.

Pidgin English Introduction

Dis buku im idea na about "Nigeria" an all di challenge dem wey face mani mani pipo dem, wey no make we see di togetherness for one obobo Nigeria. E waka enter all di different different tins dem for Naija like ethnic group, awa language an di culture dem wey we dey do, na dis come put light for awa togetherness understan wey dey for all pipo. Ogogoro wey bi di actor for dis buku don face di challage dem wey some pipo dem get bad bad mind with awa local drink wey get bad belle for di person wey dey drink am, naim di buku dey tok say make we not get bad belle an accept dem for awa society.

Dis buku also put im mouth for di politik of awa obobo Naijas, im tok about corruption, power, fight fight, an di katakata wey dey, wey we no fit do corret corret tin for our obodo Naija wey come plati for Naija so. Di tin come show di yansh of di bad gofument system an di load wey di tin come affect di life of mai ordinary pipo of obodo Naija. Na im make am come present all di palava wey Ogogoro see, e come put dem for one basket for im everi day waka wake an di tin wey him eye see, di buku touch di understanding dem for our social an politic dem wey dem dey take do wayo for Naija pipo dem.

Dis buku in addition tok about how our religion don enter all awa daily life dem. im come tok di influence of awa religion organisation dem wey only tok about moral an how we suppose behave, an also di pavala wey dey happen for our togederness living an awa difference for di religion wey we dey do an wey we belief dem. Di actor for dis buku Ogogoro come tok an chalange di one way moral wey all our religion organsation put for pipo wey belief dem rul an why dem no dey free make pipo dem dey open mind how dem go fit reach dem God to communication in spirite to am. "Ogogoro" Naija torri wey im tok for Pidgin English, Ogogoro offer di koko an come put light for betterment for Naija society dem. Ogogoro come put leg to waka all di hardness, katakata, an di strougle wey di pipo dey face, wit all dis im dey celebrate Naija pipo wey still dey lauf about all di tin an di spirit wey dem get to take over come all di katakata wey dem dey face. Ogogoro torri put han for dayto day behavior of di pipo, dem culture, an all di reality of dem politic, di buku show di rich an how life be like for Naija.

Di palava of poorness, corruption, not equalpalava, high terror in obodo, high bon bon of pikins dem, high rate of joblessness, bad bad way wey dem kolobi education, an religion divid among di pipo dem na all dis tins dem dey. Ogogoro put concern for all di bad bad tin wey Naija dem dey carri for head. All dis problem dem no dey allow mani mani country get better progress, wey come make mani mani Naijas come dey trap for poorness an di tin come put dem for one cicle wey dem no fit commot. Even wit all di palava hope still dey in Pidgin English. Pidgin English na language wey originit in di colonia time wen oyinbo still dey rul us. Since den pidgin english don become powerful well well for communication for Naija. As dem define am say im origin na from street language but now di language don gain ground well well wey be say now for Naija E don bi like second language wey pipo dey tok pass for Naija. One area wey pidgin English don become champion particular na for entertainment especially for standup comedy, Nollywood movies an music. Di comedian dem for Naija don take pidgin English language very serious as di only language to connet with dem pipo as di tin wey dem understand well well to tok dem joke. Dis no bi only for entertainment but also for different different entertainment dem for social comment wey allow di comedians make dem tok about palava of tins wey dey happen for Nigeria pipo. Di use of proverbs from Yoruba, Igbo, Hausa word for di torri add deep meaning an richness to dis lauguage Pidgin English wey Ogogoro use for this buku. Yoruba bi one of di ogbonge language from di three big language for Nigeria wey get very rich culture an heritage wey bon mani mani proverb wey dey for dis ogbonge buku. Di proverb na purposely purpose to cook dem swietness for Pidgin torry wey dem use to connect all di reader of di torri get connention for di proverb so dat dem fit feel di feeling of di tradition of Naija.

Di use of di text no bi onli to tok wetin dey happen but na to tok about di katakata wey dey for Naija, wey dis language wan show di connection for di pipo wey go let dem know all di brige dem wey divid us an way bring us together. Pidgin English an Yoruba proverb na like moto for di communication, wey allow all Naijas dem to say watin dem wan tok for enjoyment wit entertainment, an education. Di reason why e use pidgin English na to show all di up an down wey dey Naija society dem an to bring unity for all pipo.

Ogogoro: A Nigerian Narrative in Pidgin English

Mai pipo of Obodo Naija, this naija self na theater stage wey person go laugh and cry, na political pati we wan tok abi our kaki people dem? Na so we see Naija, anoda group of theater group na our Pastors and Imamu dem get dem own na him dey sweet pass. If dem no cause dem self dem go begin fright each order with God name dat na Naija for you. Na school pikin we wan tok the baba of them all na cow people dem wey no wan make some people dem grow food for Naija, na God go save us from Naija ooo. With all this theater wey no get end na only Naija dem dey ooo. new sickness don full Naija, for Naija before wey person no no watin dem dey call kediney sickness Naija don be champon for dat sick sick of this kind sickness. Shi na food we wan tok? Bifor bifor wen person go our buka say him wan wack, dem go ask am say na eba, amola abi fufu e wan wack? Today na one choice indomi na him dem go ask you de tin tayer me no bi small. If e no bi say Naija people dem dey so strong well well we for dey tok anoda tin. wen Corona begin dey fire every bodi for our world, Make I shock una Corona dat person way con make we tanda for house wey buku pipo dey call COVID-19 na yeye and gud visitor oo. Di tin tayer me no bi small na god say make I for don do mai waka waka finsh before e begin to visit every kontri we world like say e know say I don finsh mai own world tour jonnie. More over e no say Ogogoro and Corona dem no be friend at all at all. Mai pipo make we troway joke comot Covid-19 na real tin ooo. Abeg make una respect Corona e no, just get respect for anibodi as e dey visit oli pipo na so e dey go visit all the presido for we world. Sometime sef he go pocket dem carri dem go. Na wen dem say e don cross come Naija naim I no say dis corona wey dem say na powerful visitor con lost im power di kin tin wey e dey do for im Europe visit e no fit do am for mai obodo Naija respect but dat one no means say e no dey Naija oo. Sometime sef I con ass mai sef say shi corona fit face to face with poor pipo wey dey fiyin food for im family? Abi na di hot sun an all di pepe soup, an correct ogogoro dey make am fear? We tank God say e stay with us follo us kolobi im power. But di real truth na say na true true e dey lef oooo. Di betta wey im do be say corona con wash naija with law an order wey no dey befor. Na so I see say pipo no dey do extra visit again to dat our place una no wetin I dey tok, di gudist be say pipo tanda for house dey chop one food wey dem get, dem no get reason to go out go chop for outsidi restaurant I dey laf ooo mai pipo even sef some wey get am for house dem no fit chop am because na everi bodi bi suspety wey dem think say e get corona vairus. Na dat one peppe many many pipo dem both bobbos and babes sha we tank God say e don leaf us comot. Make I no lai di best parti wey I enjoy pass na for covid-19 time. I get one friend wey bi say e no respect corona, im name na "J" and "F" make I use J as di name. dis na for uptown oyinbo land wey di tin serious pass, dem even make law say make person no do parti wey mani mani pipo go dey. An moto mus not go out wen e don rich 11pm til 3pm di nest day. Mi an J wit F na so we dey nack parti every week until covid-19 pack im load an vamos. Watin wonder mi be say we tank God no bodi wey dey come di parti say in get corona. Na di tin con make me belief small say, wear Ogogoro dey yafuyafu dem no born corona well make im near di place. Bicos J get some wicked strong ogogoro dem wey be say im shata for in ogogoro bar. Na so we dey rock di corona, na dat time I con no say dis oyinbo dem, dem tu fear bicos na everi day na im dem govement dey show numba for TV, dey show di pipo dem wey covid-19 don payi. Eniway, fear catch me tu, but life mus go on. Make una no get me wrong ooo I fear no bi small but na all di vasin dem na im we take, e no bi say we no fear at all. J na correct person wey like live im life. I join am tu for all di partis dem befor I con waka waka com back to Naija from Jendor.

I trowey salute to una Afterus di tin wey all of us don go tro sef dey mai beile. Na true word. Na now me sef don sabi say wen pikin no cry for una obodo, una no dey geeam food? Dat one na beta bad belle with mai pipo for afrika.

Di tin wey dey insie bi say dog wey get patient naim dey chop beta meat e no bi bone sake of say di one wey dey hurri-hurri naim dem say dey stil chop bone abi notin sef.

Man, no dey tanda for house sabi di tin wey dey happyn insie market, I don take mai head do plenti plenti arithmetician calculate wusie, di tin-no gree balance-wheel, two sef no gree cut four. Naim I juss con look up, con call di name of Osanebua, down Oghene, Chineke, Olorun go no go, come no come.

Naim one kain tin so juss tok put inside mai ear say make I take mai two leg dem waka so dat I take mai two nakedness of eye see as awa kontri bi. Dat time mai eye don dey red like fire sake of say Ogogoro don dey for blood. Na di tin wey hungri dey bring for man bi dat. Beta no dey pocket, no work sef sake of say person wey no marri no dey get inlaw, dem don kukuma tell we say na pepeye wey nack one, naim go nack anoda.

Wenn toki-toki don plenti small time lie-lie go enta insie. Cow wey no got tail na Chineke God dey helepam comot fly, sake of say na bicareful kiakia, I don enta clot come do beta prepare bicos me and God don agree say di wata wey I go drink no go pass me.

Naim I juss say make I take mai two leg dem stroke for Ikeja make I see mai Ondo girlfriend wey dey do ashawo, abeg say I no use the new word wey dem don modernice wey dem dey call “Runs girl” work for Jolly Friend hotel. Dem dey call mai bebe Bemipe, oh di girl fine trowey.

Di body sef na paw-paw, di bobbi don go, but shao, man dey manage am small. di boys quarter na up chair, di babe come tall. Dat discribe don do make some pipo no piss for body. As I dey enta di place, naim di Runs girls dem no wan gree me pass. Na so dem dey take dem mout dey tell me say make I come, say dem go comot monee for me. even- self dem fit gee me di tin for credit sake of say corona just leave obodo. Sho! na wetin dey happyn sef? Na who die?

Dis tori no bi small tin. Igbo girl dem bokwu, Yoruba na yanfu-yanfu, Bini na berekete, Hausa nko dam dey no Africa ashiwo wey no dey. Ghana dem sabi anoda one wey dem dey put for body naim dem dey call “boys folio me “. Me sef no bi babalawo, but una sabi say wenn leaf don tay for soap body sef don bi soap bi dat. Na so di tin bi.

Sometime sef arm robbers fit come sleep with dem, dem no go sabi. Me sef na eye i dey take sabi corn wey don ripe. Na eye sef sabi di food wey go belleful person, But shao, di tin bi say person wey go bellefull, moss belleful, if una like make una put di food sef insie konkolo I beg una, make we no bicos we wann chop make we no sabi sun again. Make we no trowey we sense sake of say we wann chop. Naim put we for dis kain wahala, Ashawo work dangerful, to God heven. No bi onli wumans dem bi ashawo. Man sef dey do ashawo naim hot pass. We sabi dem well, well. Na monee for hann, back for grounn. Dat one na wumans fasion Man younn naim dangerful pass. Bemipe no warn palava at all, I joss waka con tanda for yonda dey look already mai wetin-call don bi like hunchback. Na we go kill wesef If head no kill neck neck go kill head, na so dem tell we.

I don tell Beinpe say small time im go comot for dat hotel go stay for beta house dey do di kain work wey beta for am. I hope say una dey follo mai tori make una dey hear me well well bicos na true tori I dey tok sake of say di tin bokwu for mai mout sodiar four I no fit tok lie.

Di kain babe dem wey dey spoil dem life insie dat kain work fine trowey no bi small. Dem fine true, true, make dem try make man put dem for house make pipo dem respectful dem. Di tin no gud make dem dey climb una like say una bi tree wey dey for bush.

E no gud make small pikin dey carri bolkos of pikin wey bi like burket go came, wen he reach, una go juss gef am bicos na monee una want. Una finis gonoria, lapalapa, bad cough na all of dem una dey carri I beg make una change one time.

Mai pipo dis na begin for mai life tori way I wan yan una, I don go everi place for dis we world most time na dis obodo kontri Naija, naim I dey waka mai waka dey enjoy wetin ogogoro dey do for body an di tin wey ogogoro drinker dey see for mai domote. Naim I wan tell una. Mai eye don see planti planti tin wey eye I no fit finish tok, anyway make I start dey give una ass mai life bi, an di tin wey need correction for dis awa obodo kontri wey we dey call Nigeria. Mai broda and sista e no dey easy for dis awa obodo kontri, man don sofa sote sofa don be like cloth wey person dey wear and wash. If no be Ogogoro wey man still fit troway for body na yamutu naim person for don yamutu finish. Wetin I wan share with una na true true tin way me Ogogoro scout master see with mai korokoro two eye dem. Prisher don prish sote make I leave ogogoro but na mai own oliwata wey dey make mai enigin dey move mai two leg dem. Seriously dat mai first day with Ogogoro naim make me waka reach dat hotel for ikeja. Abeg make una no sorry for me na lof wey I lof mai kontri naim say make I patronise awa own push me I push you. Ass una no, nomata how ogogoro push man reach person no dey miss im way go im house. Die person go fin im way like dog dey fin im way back home. Na dis Ogogoro naim push me reach all di place way mai leg and eye dem reach. E no be say I drink oooo , I no wetin mai eye see.

Mai pipo na Ogogoro wey dem gef make me, naim push me yakata for groun dey trowey salutu for una sake of say pikin wey carri im papa up, naim papa blokus go cofer im face. Pikin wey wan sabi di tin wey happen for im papa, no no say di tin wey happen for im papa naim go happen afterall for am.

Make I juss tell una one true word, pikin wey no fear say shit dey mai nyash an come bite me for nyash, mesef no go fear im chop box for sense wenn I go bitam for head.

Na old pipo for we kontri dey putam for parable say," na small pikin wey no sabi di place wey wuman wetin-call dey, naim dey make dem call am yash, wetin konsan small pikin. Na play di pikin dey play, Na until one day wey man go crossam na dat time di pikin go sabi.

Di kain tin wey dey warri me bi say mai blokus don peel finish an na so di helmet of mai jimmai page don dey red. Di tin don dey komotu akamu wey yellow like person wey don carri gonoria, but wahala e dey mai body o, e no bi small. Dat one no bi say I no dey cross wuman. Mai wetin-call no kukuma get sense na wen you tell am say make im no fight, na dat time mai wetin call go dey do dry raking, dey take im head do magic, na dat time ant dem go enta mai Sokoto walahitalahi, di tin don tire me. Na mai blokus get me, abi na me get di tin, make una tell me. After all di tin no dey kukuma respect me sef.

Na so I juss say make I take mai two leg dem waka go ketu go see Omobola after I don drink mai ogogoro as ebi say di babe don land me insie dusbing.

Di tin wey come surprisation me bi say di worstest girl for Ketu wey dem dey call Omobola so, don wash im two hann dem come dey folio beta pipo dey chopulate di life of dem head for dis our Eko Ile, an di babe no gree show face sake of say fowl wey dem comet im feather for rainy season no dey forgetful at all.

As I dey waka jejely dey go mai younn as we dey do for Lagos, naim I see Omobola for road. Di babe get beta body an beta some tin dey smell for im body sef, Omobola don fine plenti, no bi small. All di babe body dey like wuman wetincall.

Ol firewood naim dey catch fire pass, abi na lie. Di tin wey make mai blokus wann run insie mai belle bi wen Omobola ass me say na wusie l dey go, abi I don miss road? Naim mesef tell am say, I see person wey carri net dey waka dey go an you come dey ass am wusie im dey go, Na wetin dem dey take net do?

As Omobola come dey lawyer me now, naim I come sabi one time say di babe don jump enta guy man. Na so di babe come dey take me do yanaga for road, mesef no kukuma warn sake of say di babe sef don enta mai eye. Abi no bi Omobola wey I sabi bifor naim dey do me so?

Small time naim di babe come tok say make we waka go di place wey dem dey sell isi ewu, naim I juss tellam say as I tanda so na gum dey mai pocket, an mesef nefer wack. Make una come see me ogboju pass power, person wey dem help gif chop belleful wey wann drink tea. Wetin knosan aeromplane an go slow, abi una don see fulturc wey dey only eat goat wey dey scratch body for tree abi ground, no bi lie Omobola don arive no bi small di babe don wad well, well.

Naim di babe say make I sidon, Una sabi say poor man no dey get mout for tok for di place wey monee dey smell an anytin wey monee man tell povertyman all na true word, na wusie goat come from wey no get rope to tie im neck foram sef.

Mi pipo, make I kukuma cut di short tori, con make di tin long. naim I sidon for one kain small stud na waka I say make I waka o, naim beta come folio me so o! Small time now, service don land for mai bifor kon carri mota with isi ewu berekete insie come tok says na di babe wey we two enta say make I dey wack say im dey come. Small time di service bring wash ham wata, naim I rush di tin come disgrace am one time. But I come do one kain miskate, I for dey chop di tin small, small make dem for no sabi say di tin wey hoi me no bi joke. As Omobola come land con ass me boya dem don gef me di isi ewu, naim I tellam say I don clear di tin sef.

Mesef no kukuma sabi say di babe wann do me di tin wey I dey do foram teletele. Naim Omobola tell dem say make dem server we round two. Naim I tok for mai belle say di soap wey I take bafu today naim I go dey take bafu efriday, so dis time I come dey chop di tin sofri- sofri. Una Kukuma sabi say na small-small dem dey lick soup wey hot an person wey wann catch monkee moss behaviour like monkee.

As we clear dat one, naim di babe tell mi say we no go shack ogogoro for public make dem no laaf we, dey call we ogogoro master, na scout we go shack. Wetin konsan me, na Omobola carri monee an naim go tok as we go waka abi. Na so we come shack scout sotey we come close eye. To waka go house sef na wahala, as we manage land for Omobola house, na so we enta bed one time.

Na fire, fire! Back, front, centre, coner, mout, na so we do sotey mai blokus come peel patapata. Now Omobola dey laaf me. Mai pipo na di tin wey drink dey do person naim happen so ooo. Anyway, Ogogoro no dey kill na push im dey push person until e push me go where cloth no make us sabi who be madam from small pikin dem.

Mai sista an broda of Obodo Naija, na grounn I dey ooo push me and push you don land me brekete for grounn. I dey trowey beta salutu for una, sake of say mai belle dey suwiti plenti plenti say una don undirstand say tomorow go beta. Na chichi tell im pikin dem say make dem no warri sake of say di tin wey hot moss cool down one day an di tin wey go up moss come grounn. Sodiafour make we dey put all we wahala for Chineke God im hann, sake of say dis katakata don pass di tin wey man go put hann. Mesef wey una dey see so, di wahala wey dey mai neck fit quench me sef, naim do wey I say make man kukuma tanda for God leg sake of say di pipo way don tanda for im hann I no say dem bokwu berekete. Dog wey get patient naim dey chop beta bone, but come dey insidi.

Una sabi say na waka-waka man pikin dey take grow an nobi efri time we go dey chop ogbono soup sontime sef we fit chop egusi make di tin for key kampe, na so dem teacher we.

Make una no forgetful say one-wuman wetin-call sabi quench man tin, abi no bi so. Na hann dey wash hann wey dem dey clean, abi dat one sef na lie?

Na dis tori wey I wann jambass una so naim carri me waka reach Fictoria Island dat day wey dem dey do show for musician dem. Dat day naim mesef sabi say Khaki no bi leather.

Di tin mai mout see, mai eye no fit tokam finis an tele tele man quench na who die sef, Body no bi firewodd, naim do me wey I juss tok say make I lef wuman palava small time make wuman palava sef lef mai hann, mesef no wann die kock- roach im die. Man no wan die for di road wey im pass come, abi no bi so? Make una come see me as I juss enta insidi di coat wey mungo park dash me di time wey e stil dey for univercity for dem kontri come nack di bata shoe wey Richard Lander gee mai grand farda di time wey im come Naija wey we no invite am, man pikin come dey veri bam, no bi small.

As I come land for di show now, kai come see na so Kiakia di bobo dem way dey tanda for gate don opine for me, na so I juss stroke enta insie come brekete for one kain small stud make I take mai two nakedness of eye chop keresimesi free. Since mai papa bonn me for mai mama I nefer go dat kain show bifor. Person no dey tanda from house sabi di tin wey dey happyn for market, wusee God helep me, no dey insie dis mata atall.

Na onishirishi pipo dem dey-insie, efen craze pipo set dem sef dey jaburata for di show.

Small time now, naim I juss see one kain tin so wey I no fit tink say e dey we obobo Naija. Na di tin con make me ear say Gloria wan gee me gonoria agin o.

Wen small pikins dey cry come dey trowey im hann for one kain place so, make una juss sabi say di pikin mama abi di papa dey yonda.

Abi una go wait make pikin cry bifor una go gef am food. Dat one no gud ke, wen una gee small pikin di tin wey im like, na one time e go sleep. Aniway "na di person wey go carriam go up naim go bringaim down wenn time catch.

I beg una, make una no vex say I dey tok plenti. Na sontin make cray fish benn. Na so mai youn dey. Una no say di person wey put shoe naim sabi di place wey dey pain am. Abi I don tell una bifor say wuman wey dem dey nack for bed na im wetin call dey halla, dat one bi say di wuman tin na so, so, wata sodi-afour make una no kukuma trowey time say im don take im two ear dem hear as di tin dey halla. Abi as una dey read mai tori una dey halla?

Dis kontri sef don spoil patapata wusie we wann run go. Plenti ashawo don bokwu jaburata for coast an dem dey yanfuyanfu for fillage. Na dat one sef mukaragba pass sake of say dem no sabi way, na fanta dem sabi drink an dem no sabi medicine atall.

Di tin wey dey make me fear bi say for fillage dem no dey take medicine to comot belle onli wen dem get belle wey dem no want. Dem get powerful for yonda, no bi small. Na man go marri dem put for house say dem bi wife, tufiakwa bad tin no dey hidi. Dis tori wey I wann put for una so make una look am well, well boya na me devil wann punich abi na so Chineke God putam.

Shi una sabi dat mai babe wey I bin don tell una say di baby like man pass food, sorri oo I neva tell una. Dis mai babe naim dey take man wetin call do tuth-prick. Di babe wey dey sing like choir wann I dey nackam, di babe wey no dey tyre, naim wan quench me so.

Gloria don kill me again o. Na weytin una say make I do dis Gloria sef abeg make una help me.

Gloria don gee me gonoria again o! na so mai wetin-call don carri big, big sore an na so di sore dey pain me. Wetin una say make' I do now?

I don ass Gloria wetin I do foram wey im juss dey gee me gonoria efritime wey babe come opine mout tok say di tin wey dey fittam bi say mesef na dog, say efritime wey I juss see am na so mai wetin-call dey go say soup wey suwit na moni killam im don see wuman wey dey gere make man crossam efritime make mai wetin call come resum duty but bifor I quench Make una see me. Even wey di mout wey I go take tell dem say na gonoria dey warn me. Some pipo tok say na gentle man sickness. Me, I no gree dat one. Man no dey take di tin wey dem dey put for ear take put for eye.

Na mai wetin-call naim put me for dis wahala. Di tin wey I go do dey for mai head, abi una wan hearam now. I go kukuma tell una wetin man Pefer tok wetin im take im two eye for see hear with im two ear cover face no dey for dis one again. Di tin be say I no fit do make I no cross wuman every Friday by day notin spoil dat for me. Di tin way happyn be say wenn I wann cross wuman I no go comot dross. I no go tanda for mai area atall if I go waka far go Ketu. Man no dey sell, fowl wey get one leg for market wey near house, na far way person dey sell dat kein fowl. Make Chineke God forgive me bicos dis one wey I wann do so no go dar atall o! Ketu babe dem don jam wahala, but na wetin man go do? Abi una go gef me monee make I go see dokintaa one time? Dis one no bi play o! Play-play dey turn chop an go person no dey trowey stone insidi market sake of say im own pipo fit dey insidi. I don tell una finis, nobi tomorrow una go tok say I no tell una. No do no do na so ogogoro push me go one of mai ogbogoro joint so wey con mak mi go meet mama Janet. Mama Janet e get sweet mout an I hope say e no bi di sweet mout go kill am.

Mai Naija pipo dem don tell we for small Pikins say soup wey suwit na beta monee kill am, na dat beta monee I dey wann catch. Di tin don near me sef das wai I no wann take enjoy spoil di tin. No bi-mai own power di tin wan folio come so na una wey get me. Di true word wey dey insie dis one bi say pikin wey wann follo

come big mans chop una go bafu im two hans dem well well. Mesef don bafu mai two hann sotey I kukuma bafu mai body come put am for insei colt. Na una tell we say wenn one person own spoil, naim bi say anoda person own go beta one time.

Dat one dey sha, but mai kontri pipo dem dey putam for parabull say wenn you put mangro for gronnn, na dat mangro you go get. Paw-paw no go show brake lite for you, abi you buy.

Sebi efribody sabi dat one na bominate of dosolate Abi una wann try me for grammarian?

Na we teacher papa quench naim do, wey we no finis scholarship after me an Mungo Park, Richard Lander Willy Shakespoon an Wilberforce na all we dey one class an so una broda me tu dey dust dem. Make una lef mata, make we tok di place wey mata dey. Mai wahala bi say na di day wey I dey go bush for kill bushmeat na dat day antelope, grasscutter, bush goat all dem go sabi climb tree go hid, notin go reach mai hann. Chineke God wey creation bird wey dey fly for up get cooking pot, bafuroom no dey an dem tell we say our fada who dey for heven wey creation we sef tok say na power bi im own, how we go come dey hungry I wan sabi say Chineke God no Wrecked like we.

Dat wai I no dey warri plenti bicos I sabi say di wata wey I go drink no go pass me, do no do I no sabi bi say wuman dem dey wey go juss come say make you service im wetin-call. Dat one difikoliti hard, das wai I dey go look for dat one. Naim go make wey I go tell una tori as Mama Janet wann wound me sake of say Janet im pikin no dey carri mai monee come geeam for house, an as I dey bang Janet na so I dey bang im mama for one bed. Janet papa na armai robber an dem don kill di jaguda long time.

Na di time wey I juss catch Janet for Mushin. Dat time ororo plenti for Janet body.

Janet fine no bi small, di nyash sef na upchair an di babe dey take im mout laaf efritime like person wey win pool. Di tin wey Janet do for mai body, na God go fit helepam no bi me. Dat time groun no level atall, pocket no gud an Janet dey gee me wackis, booze an di babe no dey sleep for nite duti. Janet sabi gee me di tin well, well anitime I wann tarn, go come no dey insie. Janet no dey wear dross come mai bunk efen sef wenn di babi dey pass flower, dat one no say make we we no do. We go juss wash di tin dat all after, we go put weige inser di flower make e no trowey for bedi wetin come bad insie? Make una ansa me, abi na so una go dey look me like say I bi fidio. Na so di person wey wann quench come waka jam di tin wey go killam.

Na so me and mama janet come jam for join for one hotel so wey di wuman dey go cut job. Di boy boy for di hotel no dey allow make person go dia direct na di boys dem dey show picture show person dem which one person want one or wan bang

na so e bi for dia. I come gef dem foto of Mama Janet, Na two dem dey for one room. Mama Janet sef no bad atall, naim Janet sef folio. Dat time small monee enta pocket an wetin man go do, afterus man no bi firewood.

I come, shark mama Janet reach nonsense. Na so I dey blow beta lie for am, as di wuman don see monee miss road, naim body come dey jam body well, well. Efen sef we chop we mout like say we don sabi we sef bifor.

Una kukuma sabi una broda. Na so I settle mama Janet final, im belle come suwit well, well I come put small monee on top. Di wuman come surprisation me say make I dey come lookam for house wenn I wann cut show say im go dey do me well well say im go dey comet monee for me wenn we don turn customer. Di day I land for yonda janet no dey inse, na im picture I see, come ass di wuman tok say Janet naim fess pikin an di babe fine well, well. Naim I juss laaf. Naim I come tell di wuman true word say Janet na mai beta babe..

Make una see me see wahala. Di wuman juss tell me say dat one no konsanam, bicos Janet go dey do im own imsef go dey do, sake of say dis world big well, well, way efribody go dey waka im own witout no wahala. Oturugbeke! mesef I agree am join Janet own. Dat one gud so? Abi Janet go halla wenn katakata come buss? I no wann wahala o.

Wuman dem na one, only face different! I kukuma sabi say wata nefer pass gari as ebi say efritin don pafuka. Na chichi tell im pikin dem say di tin wey hot go come cold wen time reach, abi no bi so? Sodiar four make we get patient. We get lucky sef wey di wahala nefer pass we. Like watin dey happin for obodo Naija now wey we no fit bai anitin way we want sake of say awa gofument dem no dey care for we pipo, na efri day we dey subsidiri come, subsidiri go we no no witch one. Di soup wey hot na small, small dem dey lickam abi no bi so? Hundred-year no be for efer a bi na lie? Na so we dey tokam for we kontri. Na proverbal we dey take chop word for we kontri as una dey take aligator pepper chop kola for una own.

Na di papa wey born di mama wey born mai papa naim tok say wenn una no chop yam sake of oil, una moss chop oil sake of yam. Na so di tin dey. Na left hann an rite hann dey wash demsef cean abi? das all. Na sake of say Okporoko wey dem dey call panla no get respectful naim do wey Oyibo dem comot in head for yonda an na bicos goat no dey hear word naim do wey igbo pipo take di tin do isiewu, one time sontin for bobo dem wey go carri dem go TDB (till day break) na so sisi dem self dey do complete with dem. Dis tin wey I dey tell una so nobi small.

Na so I juss carri one mama so come land for im house Walahitali, dis mama fine, no bi small, small time now di wuman come tell di small, small pikins wey don seleep make dem go tanda outsidi. Di tin pepper me for body, but as ebi say na monee for hann back for grounn, una see watin our gofument do us? meself no fit do pass mai sef. I no fit dey with wuman make I no do. Di wuman sef no kukuma ass me monee sake of say im tink say I bi gentleman, wusie. I beg una, na who go tell me di tin wey I go do wey dis kain one. Dis na di reason wey to bi singul mama no gud our today wuman dem no care at all becose dem wan belong as dem dey talk am now. Efen sef wey get man sef na singul dem dey call demsef becous husbandsef no get work for hand, even if e get shi na 30,000 naira of today go fit keep im famili? Na so meself go come sidon for bed di wuman con come climb carri mai wetin-call wey don tanda like walking stick wey person dey use make person no fall di tin e just tanda so.

As di wuman dey bang me an so im dey take sing dey jack di tin. Di sing self I no kukuma sabi. Wenn I wann put milk na so di wuman con comot mai tin make I cool down, dis kain gran mama sabi work, no bi small. Make una no take dat kain eye look dem sake of say all wumans dem na di same ten an ten pence, di tin wey differen for dem body na face, abi na face una wann chop. Di one wey I no go do bi wuman wey im wetin call don germination teet. Una wey tanda for man house sake of say una dey marriage come take style dey wakajugbe dey take nyash do kola for efribody, na Chineke God go judge una case.

Ogene don sabi una house address patapata an una kukuma sabi say God case, na no appeal. Make una no gree make longs throat spoil una life. Na true word say man go dey chop di life of im head, dat one no bi say we go come take we own come spoil anoda person own, dat one no gud.

Di tin wey we no fit take make we no gee anibody. Meself I no send anibody messenger, na mai waka I dey jejely mai way.

Man pikin no go fex sotey make im tok say make dem no gef am im salary, wusie. No how wey harmattan, cold reach say make wuman no get wata for im tin wey go gbabu man wetin-call. Afterus una go dey tok robinson say man get powerful pas wuman. Dat one na lie, naim I juss say madi I take mai two leg dem stroke go college of educate wey dey for Ijanikin for, mai pipo, di tin wey mai mout see mai eye no fit tokam.

Make una come see ol mama dem wey come enta gown some sef enta sket an blouse, carri beta wige put for head, take pan cake powdir nack for face, carri beta hann bag come dey do like sisi wey dey for college of educate.

Di onli tin wey put dem for wahala bi say dem don see plenti keresimesi an di tin dey show for dem face an bobby. Dem bobby dem tire patapata an una kukuma sabi say body tin no dey hidi. Dat kain leef dem go don germination teeth for dem tin. Person wey no dat kain place na die. As dem dey look wuman dey look outsidi for man wen I come ass di wuman naim im tell me say im no fit lef dat kain tin say di tin dey suwit, no bi small. Con tok say na efritime man go dey service di tin sake of say im no wann make di tin rotten, I laf, no bi small..

Di tin wey pepper, tomanto, salt ati sugar no dey insie an di tin come dey suwit like so naim I go left hann side? Di wuman na champion for runs no bi small. Di wuman no dey for long ton na kick an go no break no jam.

Wenn I come enta dis wuman back, na so mai tin dey touch im belle Small time di wuman go tok say make I wait say imself wann do lie Na so one kain babe wey dem dey call Antonina, come dey take nyash dey do inyanga tolotolo for me. Naim I look am go up look am come down, naim I tel am say di wata wey I go drink no go pass me. dat one dey I don bang Antonina plenti time an I moss nack am I sabi di tin wey I go take catch Antonina.

Antonina wey bi say biabia no dey grow for im wetin call naim come dey do guy for me. I no dey get pepper body for dat kain tin sake of say na sometin make cray fish benn, afterus na big fish wey waka yeye waka naim tear tear net dey catch. Na me self carri body gef Antonina das wai bicos babe dey call me mister man, Una yello sisi dem wey no dey wear dross di tin wey do goat go do una. Haba Na wetin dey insie sef? Wumans wey dey follo bobby wenn im dey run no bi sake of say di Dress sef go comot, na make di wuman fine. Wuman go siddon, open leg na so eye sef go dey enta im body an na so man dem go wan cut yard for im body. Wenn dem nieham gofument go tok say na rape.

Dat one no bi rape na di tin dem dey look for naim dem take dem eye see so. Palava no dey insie dat one at all. I don tell una bifor say I no fit climb, na so una dem dey tokam true word I dey tell una say una do well o. umh Ogogoro wetin you go do man pikin na onli God go jurge you, as you gud rich na so you dey also shark man pikin. As usual una no say if push me I push you no dey I no go get tori tell una. Abeg una, e bi like say una no dey follo me as mai waka dey go, na bei mistake naim I con fin mai sef for under tree after I don buss well well but mai sense no loss I stil dey see tins well well. I remebar di tok of our ol pipo dem wey say "Mango dey spoil una say na ripe e dey ripe" mai pipo of Obodo Naija, una don see as we kontri dey today now wey be say man no fit say make im go out for street if dem no kidnap am na tif dem go tif am. Na onli Chineke God, go safwe comot for dis kain wahala o. Di tin doti an e tire me sef, water don pass gari patapata. If na lie one pastor tell me say hungri go fit dey wire we pipo of dis kontri like dis, walahitalahi I go juss tell di pastor make im go siddon for lantrine, make im no take di mout wey im dey take wack pepper soup an eba tok robinson again. Haba, kontri hard no bi small, man pikin put hann for dis one, road close, dat one go open. Abi we go pick race con comot for we kontri? Dis one don pass me o! Anybody wey get ansa make im come tell me. Na jibiti wayo dey for we kontri now. Efenself if you no careful yorseif, dem fit comot man wetin-call carri go. Di onli true word dey we mout now na gud morning, das all, di tin dey pepper me for body. no bi small. Di onli tin wey bokwu yanfu-yanfu na wuman.

Dem bokwu like catholic an wesef kukuma sebi di place wey dem dey an we sabi di tin wey dem dey chop sef. Una sabi say wenn small pikin chop di tin wey dey suwitham, di pikin go sleep one time. I beg o, no bi for mai mout una go hear say hausa dey for sokoto. Na di place wey I bafu na dia I take put mai clot an na di place wey mai hann rich na diar I dey put am.

As e bi say dem don tell we say wenn road block, go no go, an come no come, make we fine food chop naim put mai lef for road so. Una kukuma sabi say no do now, abi make di worm an di rope wey dey insidi mai belle rottin? God forbid bad tin. Mai pipo, na sontin naim make crafish benn, im sef wann tanda attention. Na di tin wey passam do am so. Man pass man as iron dey cut iron. Na insidi we dey so. As I dey take mai two leg dem waka jejeli dey go so, naim I come see bobo dey chop di life of dem head with beta babe dem for okota in di year sometin somtin. Dem dey like say dem put harm for gbana sake of say no bi we kontri monee dem dey chop for yonda. Dem no take dem hann wey Chineke God gee dem touch we kontri monee. Na oyibo monee dem dey blow like say na card. Na so una broda tanda dey take im two naked of eye dey chop keres-imesi in advice. Dem don charta okporoko, snail, bokoto, saki, goat meat, pepep soup, con join nam with di new beer wey juss comot, SATZENBRAU dey wash di tin down. Na so I juss tok for mai belle say di one na for go heafen. God dey dia. Na so chineke God say make we dey chop life? Chineke no say make we take suffer sew cloth. Na so I dey look dem like say dem come for moon an na so di pipo sef bam no bi small. Mai pipo dey putam for parable say na monee dey do bush make di place beta, soup wey suwit na monee kill am, abi no bi so.

No bi me go dey tafia say dem dey like say dem get hann for gbana na wetin konsan me sef.

Na Chineke God say e save me wey dem no take dem ear hear di time wey mai mout wey don smell dey drive roff, dem for teacher me say Naze far from Nazareth. Cow wey no get tail na God dey comot fly for im yanshi. Na so una broda Ogogoro body dey do jigijigi like say since mai papa born me for mai mama, food nefer enta mai mout. As di bobo dem don chop belleful comot land insidi dem moto dey go, naim I juss kolobi dem tablu one time, Haba! I don tok am say di water wey I go drink no go pass me. Abi e no bi person wey wear shoe naim sabi di place wey dey painam. Mai pipo wen di jungle don maturity like so, paddi no dey again o! Efribody go ansa im papa name one time. As I con tanda for chair na so I juss bone mai face. Na wenn mugu fall naim guyman go chop. Shit no get bone, make una shook leg insidi, na dat time una go sabi say khaki no bi leather. Soldier go, soldier come, baraki go tanda. One time I don dey finger di meat wey God pikin dem chop remaindir. Boya pipo dey look me o, dat one no konsan me. Na wetin konsan areompiane an go slow abi person wey no marri dey get inlaw? Make una ansa me now. Na so I juss chop sotey I tire sef come take drink washam down.

Di one wey no gree enta mai belle, naim I carri put insidi nylon bag carri go house. Wenn dem see di meat for house naim I tell dem say na take away service wey I juss buy for Mr Biggs. Na di person wey no sabi put meat for mout come tok say di tin don lose? But shao, on. Holi God dey see di person wey dey take teeth division meat. Na so we see am o! Na sofri sofri we go catch monkee. Na so I enjoyment mai sef an con brin food for pipo wey di gofumment don forget for groun, true true pipo dey sufa dis days for we kontri, anitin wey person get now na scamology an di gbana tradir zu much for wey kontri now as gofumment dey blow kontri monee, na so pipo dey die for sake of say food no dey and kidnap na like street music wey we dey hear everiwer for we kontri. With dis problem we no even no who Clot no gree we sabi crazeman for we kontri.

Small pikins wey wann folio Olman chop moss take any tin, im moss sabi say wash im two hann well, well. Dat one no bi say bicos dem call you come chop naim bi say you go carri two hann put insidi chop for dem, dat one sef don disqualificate you sef. Dat na bicareful yoursef no bi curse. Di tin bi say na ashawo bi gradi one wey monkee dey compani, na so we see am.

Di pilo wey wey sabi di tin we do with am for bed no go fit tok all the wigt wey im don carri das all Chineke God case no get appeal Abi Chineke, Oluaye go send message make dem bring you for im bifor an you go come tell dem say make dem tell Oluaye say you wan do sontin bifor you come see Oluaye?.

Make una tell me, dat tin wey you wan go do na who get una sef. Make una ansa me now, abi na Aluwe abi Baba Sala una dey call me? I for say make una close una two nakedness of eye an earn una hann dem go up an una moss nefer Laaf o!.

Ehn...make we lef dat mata Ojare, Make una comot hann for Ogbono wey no draw, make una put Okro wata for fire.

Wenn man pikin no take im two leg dem waka, mai pipo, di pikin no go see road at all, na so im belle go dey suwitsay naim papa form big pass for dis world.

Dat one na foul, di pikin don take hann catch groun rain nefer finis, una don opin dat una mout wey una dey take wack rice an beans tok say di one wey fall yesterday pass today younn. Make un kool body, kool temperature.

Notin dey drife una race abi Sonbody dey take bad eye, abi corner corner eye look una for back? Make una no warri sake of say di Chineke God wey bi big papa patapata no go gree make bad tin do we.

Na dat we papa patapata naim dey gi lekeleke dem wack ,

con take wata wash dem body an na so dem go do dey shine like sun an dem no get bafroom, dem no get pot an dem no get dockinta and hospital sodiar four, we wey bi oga moss nefer put fear fra- we belle Una dey hear me so..

Una broda dey waka waka everiwear e no dey go church abi moshaiasi, but shao, I sabi say Chineke God dey.

Naim dem come gee me invite me con send paper say dem don invitation me make I carry mai yeye body land like Richard Landir brodas wey come mai Dilta riva and riva Niger dey claim sey dem bi di first person wey con fin river wey mai gran gran mama an papa dey fish and live since, imagin person wey come 18 centuri many yias mai pipo don dey diar, na wao dis land tifer just dey fine wetin dem go chop. Abeg mai pipo na vex I dey vex make una undirstand me, sometime wen I shark finish na so vision dey come mai head expecsali dis pipo dem wey wan no mai papa in creator pass im God. Aniway quik quik naim I join head for di place wey gbamgbam demdem pipo dey do show for Lagos. Dem say dem name no Costum Parti.

Mai pipo, wenn una take una two nakedness of eye see dis kain pipo sef wey dey do di show, God dey sha.

Na for PEE dem tanda, dem no rich Z still, Di tin wey mai mout see for younda, mai eye no fit tok am Haba! Na wetin sef? Na who die sef. Una no say tele tele mai papa boun me for mai mama di time wey Mungo park come we kontri, make una no vex dis tin dey hammer me well well na wetin Moungo park dey fine with him odirs wey bi say na only our riva na so so explore naim we dey hear, one wey vex me pass na for school wey our teaher dat time dem go even dey beat us on top wetin no correct, some go even dress like say na dem God for God sake na wetin dem loss for our kontri wey dem dey come dey go like say dem no get riva for dem kontri, anyway I tank God say today dem don stop all dat nonsencity for school dem. walahi talahi I nefer see di kain tin bifor for Oghenebiko. Chineke God, na for your leg I dey o, sake of say di pipo wey dey your hann don bokwu berekete yanfu-yanfu. Make I Kukuma put knife for di short tori make di tin long small.

Naim dem come begin di show wey no get head, no get tail. Body juss dey pepper me, no bi small. If to say na mai monee I pay enta, Walahai talahi, if gate man no die, naim bi say I for die, sake of say I moss collect mai monee back go takeam do beta tin for mai body.

Make un come see me, see trouble o! Small time now, one kain olmama wey for tanda for house dey look im one time. Di mama dress na wires Una broda bin tink say na keresimesi tree wey dem don put beta flawa naim dem carri enta.

Una broda no sabi say na Duchess Mana, abi na wetm dem dey call you sef, if na joke make you just stop am one time. Habah Dis we kontri nobi china make im put small respectful for wuman. Small time, anoda person carri imsef land.

Dat one sef dress like magic man wey dey catch craze pipo. Di kain lines wey dey im body dey like babalawo wey dey go bush. Na so im two eye dey red like fire dem say im name na Blonblo.

I beg weada you bi grey abi white o, abi red o, dat one na for your house. Make una no come gee we heart palava.

Na wetin Blonblo carri trowey insidi Riva Niger wenn you land, abeg nest time Blonblo wen you put di kain clot land Lagos again, I beg make Olopa catch you con land you for Yaba hospital make dem look im head well, well. Lagos na for show, no bi for craze. Di one way make me laaf pass, na di one wey dress like Votron for television. Dat one juss dey like say im wan go space pass go moon, ass e go sun one time Haba. Na so I juss dey lookam.

I bin tink say na Alawada pipo group come. Dem say im name na Jojo, I no wan call name but dem know demsef an some don even don payi. Dat one mout sef dey life bomboy wey still dey suck bress. Make una warn am well well.

Anoda one wey dem dey call Gloria enta beta clot, beta bata

come carri basket put for head. Haba Gloria! Na biforce dem dey put cap! Wen you no get, you for boro abi eye dey push you? make sham no catch you bicos you wan boro, afterus Nigeria don boro tire. Wetin bi your own sef, Carri dat basket go put for office make dem dey trowey dorti insidi. I tank una.

After Ogogoro na Diferent different wahala naim dey for we kontri this days evensef person no go fit tok all finish, as one dey kwenshi na so anoda dey burn dis kontri don tayer me.

pipo of Obodo Naija, di wata wey we go drink no go pass we, make una put amen

I take Chineke God beg ana say wenn beta folio una make una no forgetful me das wai una own an mai own na one, dat one no bi say I go tanda for house carri blokus for hann dey look up an down make chop come jam me.

Chance no day for date one. Person wey work naim dey chop now. Mai own wahala no pass dat one. Di kain tin dem wey dey happyn, for dis we kontri don dey diar me o. Na now I come sabi say na true word say one meat na anoda person poision, but dat one no bi say man no go dey put hann an body for onishirishi.

Na we kontri pipo putam for parable say no bi efritime person go dey chop ogbono soup. Wenn you wack ogbono small make youself try egusi abi ewedu, naim dey make we life long. Das wai dem tok am say na onli wuman wetin-call dey kill man patapata. Wenn you nack mama tuwu finis, make you nack iya Ramotu, abi Ngozi, na dat time body go dey stronge like say di water wey dey for your head wen you dey comot for your mama body nefer dry.

Na so your body go dey do paulina-paulina an na so your body go dey like flower for morning time. But shao, as you dey nack, bicareful yourself. Dis one consenn me make you come send me messenger for mai street.

Dat one na wahala for you. Di one wey come dey spoil mai belle bi, mai friend for college wey juss recome back from

London. Olopa gbab am for yonda sake of say di bobo take by force rush small oyibo girl come wound di babe wetin-call.

Naim oyibo olopa carri di bobo keep am for cooler, wenn im comot, naim dem juss Umaru Dikko am land Naija like Richard Lander. Di bodo load dey yonda dis really surprisation me, no bi small.

Wetin surprise me na say babe dem bokwu jaburata for yonda, how abi na wetin carriam go rock small pikin with by force come tear di tin sef, Chineke God. Na your leg I dey sake of say di pipo wey dey your hann don plenti yanfu yanfu. Mesef sabi say I get mai younn for mai body', but I sabi fine way. I no go take sake of say I wann wear bata make I go put mai leg for size 2, dat one no bi mai style. I dey hear bata bebe dem gee me beta wackis an sharkis make I bang dem well, well, naim one kain zombile go carri ugbarugba jam body.

Dat one konsan am? di bobo nefer tyre sef dat name wey dem callam no gud sef. Dem say di bobo naim bi Dauda, dat one day dangerful tu much. Na one nite di bobo go carri one kain fine yanrinya for Ago Hausa near we house for Nosamu for United States of Ajegunle di babe na one kin jelifish.

Di nose sef na pontiac di body na kill me jejelin and na so di bebe dey take im mout di laaf like say dem don geeam yam porrage.

Haba na so mai head dey don swell one time, Chineke God big, no bi small, Walahi talai, na Monday Chineke God juss wash im hann come do wondir for di babe body. Di scent sef, na boys folio me. Na so mai body dey do jigijigi like say since mai papa born me for mama I nefer see wuman befor. Abi dis babe na mamaiwata sef, una broda no kukuma sabi.

Mai own na kick an go, an no yawa. Small time now Dauda don comot buy big scout six wey don die for frige prison.

As I no bi small pikins, naim I just take style comot insidi house, make I no take mai own spoil anoda person im own ojare. Dauda papa kukuma grab, di man dey loadid no bismall, but coma come dey insie. Di papa no buku an im come put hann an body for dat kain wicked powuda wey dey turn eye. Wenn dem gbabam, I no kukuma folio go yonda. Ogogoro ah mai eye don see tins ooooo e nobi small at all at all, but di tin no make me go look for happyness for mai ogogoro joint.

But sha di tin don make me get, Happy happy after I don shark mai life with ogogoro mai one an onli companion, e no bi small Easter suwitn mai belle o.

Na frog naim tok say di tin wey do am wey e wan get nysh sake of say chineke God no creator am make im dey siddon for one place dat wai efritime im dey jump.

Dat one na true word I tell una so an na so mai own dey sef. I no fit siddon one place. Na wetin man pikin wan take nyash do sef. Una no dey see Mama Tuwo yansh Omobola as dem nyash big like trayler own?

Efensef una beta broda, Ogogoro siddon jejely for mama Tuwo nyash abi Iya Omobola own , walahi talahi, I no go fall. Di tin plenti no bi small. Dat kain tin no gud sef, make nyash no gree person waka, say na who die self?

Wahala abi katakata buss now, dem no go fit run sake of say dem camp big load For back na dem sabi. Me son of man no kukuma senn dem messeng. Di babe wey carri small nyash for back make im load no warriam, bobo dem go dey geeam bad mout.

Na wetin konsan agbero an oferload. Abi aerom- plane dey fear go-slow? abi aeroplan drifer dey fear make dem no ear as im dey blow horn like bonboy?.

I take chineke God beg una mata efribody enjoy di life of your head. Das wai di time wey di papa of di mama wey bom mai granpa quench, naim I tell efribody say mike di person wey carri make im bring di monee for beri diadbody sake of say no bi di fess wan kill man-pikin, so diarfour na all we go carri di kaka go trowey.

I beg una make una no fex for me plenti, make I take

Ajegunle stile cut di short tori make di tin long small dis one no bi jibiti way o.

Una kukuma sabi say I bin don tok am bifor say na until di true word wey dey mai mout finis, I no go tell una lie-lie word, to God in heven. Make una come see as we do Easter for seme.

Me no bi smugglers an I no bi hooligans, na stroke I juss say make I stroke go yonda for Easter Monday make I take mai two nakedness of eye chop Easter as ebi say monee no dey, pocket no gud. As I dey go yonda now, naim I con carri one small stud jam Body sake of say dem don tell me say person wey wann take im nyash siddon for beach moss gif dem monee.

Man no man no dey insei dat arranji, As I juss land for beach dat day, na so dem dey look me like say mai blokus na four. I beg na two be mai younn biokusbi o.

Na small time now I come sabi say na di coat wey mai friend for college wey im name bi Mungo Park dash me, naim do wey dem dey look me so. Dem say dem don see dat kain coat for museum bifor, abi na dia I carri di coat sef?.

Na so I dey sweat like pig, nkachief sef, I no kukuma get, Na who chop belleful naim dey drink tea. I nefer chop beta food, how I for bai N350 nkachief e no bi una eye.

As I dey sweat, na so I dey koolam down wit ogogoro wey I take for kredit for mama Ejiro joint. Dat one dey insie quara bottle insie mai coat. Dat cigar wey dem dey do for idiroko wey dey make eye red bokwu insie mai socks.

Dat one na beta marekt for beach, Oyibo sabi dat kain ciga no bi small. Wenn dem juss waka pass me na so I go blow wistle like Alaiye, wenn dem look, I go juss do likesay I wann put fire for di ciga. Small time dem don land kpa kpa kpa market don finis, man pikin don put head for show come dey burgle, abi na bubble dem dey callam sef? Na so"I enta Gbadagiri town, di babes dem na wires dem go dey look you like say dem dey tok say come do Haba! Na wetin. Una kukuma truss me Ogogoro. I no dey take mai nife kill bad person. Na dat day I tell dem say dis we life sef no get-duplikatement, man die, man die, man go pass all. Na di tin wey bird carri for belle naim di tin dey take fly sake of say notins dey for up wey e go fit chop. I no go quench bicos I no get monee. Tumoro fit beta, aftarus, bird no get soap for baf no moto, fire no dey for dem house an dem no get pot, kitchen sef no dey, an na we ass all di wey we dey warri wesef. I beg make una pass me, di food wey I go chop no go go pass me, das all.

Na for Agegule pipo think say dem be chapion mai broda, fela don sing am say "Carpinta wey dey do doctor for hospita say e miss road" Ketu na ashawo by gradi.

Pipo na so I dey pray am say make una no see bad tins agina sake of say di one wey una don see don do. Make modi waka comot for una house make joli- joii an suwit belle carri enta.

Na we old pipo dem tell we say old man no dey tanda insie market make small pikins neck come benn dat one na abomi-national. Man pikin no dey take in own nakedness of eye see im nose witout if e no look telefision. Haba na wetin sef, di small, small tin wey una dey do me no gud o! Abi na until pikins cry naim una go geeam food chop?

Make I tell una one tin sef. Dem dey tok say monkee dive, monkee dive, na lie, monkee no dive na bicos tree dey near tree if monkee sabi say na diver, make im comot for bush come show we as im go dive for expressway abi stadium, to God heven na for mai pepper soup pot di monkee go land final.

I no kukuma senn anybody messenger. Na di tin wey I go chop naim put mai leg for road. Chineke God no go gree make di tin wey go chop me see me, ami.

Wen I take tie in mout for 30 day come day chop-onishiri for im mout, na so catholic sef na dat rope tie im mout for 30 day say na for lent abi na breath dem dey call am sef, naim I say make I kukuma take one leg land ketu go see mai friend wey we all we go college for hitler kontri bifor Lugard come we kontri Nigeria.

Di bobo name na Morufu Ali. Dis bobo sabi do yanga, no bi small, come like wuman pass food. Any fine babe wey im see for road naim go dey trowey saiutu for dem yanfuanfu like person wey no get blokus.

Morufu don put women wey get two bobbo for house come join two pikin. I jealousy di bobo bicos me na danfo wey no get bus stop, no bi di bobo do me. Mai palava na im longa throat. Wenn dis babe wey carri big nyash like upchair waka come, no so mai body go dey hike like say I dey scrach okiripoto.

Di one wey im bobby tanda attention like pontiac, like say di boboy wann tear di dress go come, na so I go dey imagination ass old babe go performance for bed.

Di one wey small like small doll babe, na so I dey put eye. Di onli wuman wey I dey fear na married wuman all di rest na kill an go as wenn e happen sef.

As Morufu wife don gee me chop an na planti planti animal naim I wackam take hoi body sake of say na di tin wey bird chop naim di bird dey carri fly. Anoda one no dey for up, abi food dey yonda?

Na dat day I sabi say Morufu wann spoil bad name. Na so Moroof juss land big scout for im bifor opinam dey shark come tell im pikin make dem carri bottle go buy me

ogogoro say na come drink wey fit hoi mai belle bi dat, say I no dey drink scout abi beer abi tombo (John Whyte).

Una see am, na rat wey dey insie nouse dey tell di one wey dey for house say fish dey, Morufu for kill me insie house no bi for mainroad.

Na efri dog dey chop shit, but na di one, wey chop shit carri for mout naim dem dey call shit-choplating-dog, di ress na oyibo dog we dey chop salad.

Person wey don dey for groun no dey fear say im go fall down again abi. Na so I come put blow face, juss dey blow di ogogoro small, small. No do, no do madam say make im gif me small animal for di road naim I juss catch dat one tok am. Mai God Ketu na elele.

Naim Morufu say make we put leg for road waka go di place wey dem dey wan pay diary for im, for one man house for warri make una come see palava o.

As we land for di joint, make una come see Ketu babe dem wey take body dey look for man wey go put dem for im house. Dem big berekete, planti yanfu-yanfu an all fine well, well. Na sodem take dem mout dey laff like say dem dey chop yam porage

Wenn introductioning time come reach now, na so di babe dem come waka for line-like sabarumo pipo wey juss come.

Lagos come dey salutu we wey bi Lagos bobbos dem. Na so dem hann strong like person well dey sell firewood. Haba, abi pomadi no dey again? Small time Morufu come tell me say make I readi for take away bicos di babe dem na come an do.

Since way ogogoro dey in action, mai own no difikoliti atall, Di onli palava bi say di tin fit land me for di place wey I go kill di goat make you juss lef me witham, di ress na tori sha, na take your hann kill yoursef, jocab rice dey, bokoto, pomo, okporoko, panla, roundabout, shakki, abody, iyan, amala, etc e no bi like dis days way be say na idomi dem go ass wit egg way pipo no dey put for soap but now naim dem go ass persin. Pipo dem bokwu efen sef di babe mama come land na from Oshogbo or Osun State. Di mama sef fine pass im pikm. Di pikin sef fine for face like monkee, but im body come go suwil well, well.

I don take mai two nakeness of eye see insie di babe body. Di coner, coner place wey man pikin go like all dem dey kanpe. Di tin bi say I go juss take coth cofer im face das all.

As we don wack, chop an come dance tire, naim di babe wey siddon for we table come tok say dem con make we do come go sleep for dem house as ebi say mai meeguard dem don lockwegate.

Naim I juss take mai mout laff for mai kontri language. Me

Ogogoro again Chineke God sabi do keresimesi for me o! Shark don enta body an we don dey take mout chop mout as we dey go for road, na so we dey touch body, dey put hann for dem dross, dey touch dem nyash. Dat one nan bintu As we dey waka dey go now naim mai friend Morufu tok say, as ebi say im get wife for house say make I kukuma manage di two babe dem for dem house say im sabi say di power dey for mai body.]

Naim rego back for di parti me sef come follo babe come go seleep for dem house wey dem papa an mama dey dia. Una see say dis we life don pafuka finis, pikin no dey fear mama an papa again sake of say dem don dey chop di tin so dem teach dem as dem dey for small pikin. Dis na veri bad tin wey dem small pikin dem dey go take an na dem papa an mama dem I go belemu. Becos wen dem no do am for di pikin dem front dem no go fit sabi, con dey disobidieti dem mama an papa. I sorri well well for dem no bi small but na di tin wey dey happen for obodu Naija be dat wen gofument no bill beta low-cost house dem for dem pipo na face me I face you naim planti pass but wait dem gofument tink sef? Na wer normal pipo if get monee take rent two rooms flat house? Mani mani famili na jus dat 30k naira naim den dey manage with pikin dam wey boku well well, so no way to way wey dem pikin no go dey wash dem mama an papa wen dem deydo di show. But I sorri for our mama an papa dem, dem go go pay veri much monee make pikin go school. Wen e finish di next palava na make e use go work take start im lif, but no do no do person fit stay look for work for many many year wey person no go fin job at all at all. Dis na anoda tin wey gofument no do at all, work dem no creat instead na to use di monee take support di person wey wan bill churchi or mosalasi naim dem go carri di monee gef, so dat dem go pray for dem make god help dem seal more more monee wey bi say na to creat job for our jung pipo dem wey juss finish school. Na di tin dey make our small pinkin dem no dey repect dem eldir one dem sake of say di onli job dem fit manage with na dat tin. Kai kai ogogoro ogogoro abeg you no push mi tu much now abeg? Mai pipo weytin make mi dey tok so, e no bi mai faliti na crafish naim ben, make sweeti tin no kill person o. make una see Omobola Suwiti pass sugar mai babe, wenn I halla, di pipo wey get me go hear for heafen aboof. Na siddon look I dey, das wai di water wey I go drink no dey pass me. Wenn chineke God wann do 'keresimesi for me, im no dey gee bishop make im gee me. di tin go juss land mai hann like Richard Landir.

As ebi say kontri don hard sotey di place wann pafuka, naim we come sabi say paddi no dey for jungle. Di mama wey born di papa wey born mai mama wey don go joumi naim told me say wenn man pikin dey nack wuman an di wuman im wetin-call come dey make noise like say na roforrofor fite, make di man no kukuma, told di babe say im wetin call na so, so water sake of say di babe sef don take im two ear dem hear as di tin dey halla.

Tori dey come o! Make I, no lef the cerase wey I dey cerase go dey play, chineke God forbid bad tins.

Na poor I poor I no ceraze, Na so I juss siddon for mai door-mout dey tink ass I go do mai life wey bend so. wusie, di tin no gree balance. I carri two jam two, di tin gee me 10. I siddon dey take mai coconut head dey do arithmetic calculate, naim I juss remember one babe so wey bin dey gee me body to bascard. Di babe no sabi seleep for duty. Make we serious we don sleep tu much for dis obodo Naija, di tin dey brekete for everi body in porket. Weytin sef to sock garri now na gold now for obodo Naija, we wey dey make garri we don be di pipo wey dey import am again. Ho mai God na wer you put your eyes dem we dey sufa for our own Lezi lezi . Mai pipo ask mi why we no get farm again? Efen di land dem don take am bill house finish, and if dem no use for house, dem don use cow dem distroy am finish. As we dey tok sef person wey get im farm no even fit go im farm sake of say e get some pipo wey dem wey no get house wey bi say na waka waka from one pilace to anoda. Na dis pipo sef dey kidnap all di omoges, bobos,papas and mamas, di tin wey wosi pass na to tif small pikin dem. Weytin dey pain me pass na ogogoro wey don diar pass mai porket becos of dis pipo way I dey tok about. So even so tee dem dey carri carri gun dey follo dem malu enta person farm con dey pafuka dem farm tin wey dem sofa plant, dem no stop with dat so dem go con say if di owner no bicafull sef dem go kill am becos dem malu get right pass we naija pipo way dey wait for di tin wey dem planti for di farm. Dis na di tin wey make garri, ogogoro an so on con bi veri diar for market. I no no wer we dey go for dis naija today. E no bi onli garri diar ooo na all dem wey dem dey planti for farm naim I dey tok. Efen sef na house naim efen woss pass wey dey make pipo run go im filleji, sike of say e no easy make person get one. Efen farm house if e dey for lagos e go don be palace for poor man im face naim make mi remeberace me bebi na reali champion, I fear am die no bi small. Make una con see Edit wit landlord as dem wear one troxa. Bifor bifor if you don live for pesin house tay if di pesin wan incriz im house rent e no go reach you. Na di tin wey you dey pay bifor naim you go still dey pay. But nowadays weda you don stay dia for twenty yias or hundred yias e no concern di landlord.

Di style wen dem dey use bi dis. Di landlord or lanladi go jus wake up wan day go put kwiti notice come give im teenat dem say make police stop you for road say wetin you carri before you no, girammar don enta your properti some landlord sef no dey gif kwiti notice dem go jus tell you say from nest tiri month na two yias una go dey pay. E fit be say di tiri month naim di new year go begin . E no onli say date e go tok say im don increase im monee say if na hundred-naira ouna dey pay for one room, e go say una go begin pay twohundired na for one room. You no go fit tok say you no go pay if not e go say make person pack commot for im house kwik kwik if you yari naim bi say una go digam well well bifor una digam you go don tell di judge say you don get house but dem neva finish di house say dem go finish am in sevun months time.

After im don ass you weada you sure say you get house in two time if person say yes die juge go juss pass judgement you go begin go work dey return dey go meeting dey return dey enjoy yourself until wen di day go come wen you go gofument pipo go come broke your room an carri your property dem go say dem get order from court to brake your room enta, later di seven month orda don pass di Ianlord fit no gree take moni from yaa hand so make e bi like say you dey owe am.

If you bi Ianlord or tenate wai dem dey do dat kind tin dem go begin pay wan hundred and fifty naira bicos na wan hundred naira dem dey pay bifor. An e say dem go pay two yias. An tins dey hard for hand nowadays. If na bifor, Edit dey on well well, dat time Edit sef neva wake up. Na di man wake Edit up. Im come dey yaab Edit say if im no fit pay make im pack comot for im house say every- body don pay. E say im want im moni dat day ordawais troble go shele. As Edit wan tok e no gree am atall, diss tin wey I dey tok so hapun las week. He say if Edit no want pay make she comot from im house. Naim Edith land am wan blow, di man land yakata for groun. Dis one no bi joke oooo, na dat day I remebar say wen dem slap person na spark di face go spark na dat one we dey call sounding for naija. Slap way bi say if you dey di ness streeti you go hear say dem don sound person for face. But make we tok true sef di way landlord for naija dey do dem tenati no gud at all at all sake of say becos no law for naija dem go juss wakeup increase dem rent wey dem no get reason to increase. An weytin warse pass bi say dem go juss say dem wan use di place wey person dey lif as dem pikin wey dey come back home go need di room. Ass for our gofument dem no dey protection poor pipo wey dey collect salary of 20,000 naira for month, an dem go ass for three yias rent from dam. I beg una lanlord dem make un remeba say una no bring house from heven an na here una go lif am go. Na dis tori con remeba mi say dem invitation me for one wedding so for mai padi padi come remindir me about Robison im ram wedding.

Dis Robosin tori. di tori hapun ten yias ago for jungul city wen Ajeguille stil be reali jungul wey dem dey call am. I shark laik say anoda day no go come again. Robison na guy man , as una no Naija well well for eko ile. di Yoruba pipo dem fit make parti make dem come bicome rich person even wen dem no get money for pocket an dem sabi well well. Na dat mai padi padi Robison wann do wey make am come do ram wedding for jungul city. Dis bobo naim dem con wish say dem wan baiy moto for dia wedding. Di moto wey dem wan bai na beetle vw. An im tel im fren dem say dem wen baiy di moto na afta dia wedding naim dem go baiy am. He con say na di moni wen dem wan take baiy dia moto dem go get ám from dia wedding, dat is di moni wen pipo go gif dem. So naim Robosin come dey tink if e make dem im friend dem plainti food chop for im wedding say na im go make dem gif am planti monee. Robison, I sorry for am, efen sef im face me I face wen dem live no bi beta house. But im room fain well well bicos im get stero, TV and fridge.

An im get beta chias. Im come dey say if dis pipo fit make pas am? So im come tink say di only way wen im go take make am bi say im go du wedding with im wife wen im don bi man since naim tin dey kokoro. Onli say dem neva bom pikin bicos di tin neva free enta. Naim im come tell me say im wan du wedding. I come ask am say wuch kain wedding im wan du. Im come say mi wan du marrage wit im wife for church Naim I come ass am say wuch marriage im wan do? din im come scratch im head finish im come tell me say im get plan. E come say from di moni wen im frens go gif am say naim e go take baiy di moto wey im wan so im go come upgradi pass dem im frens dem. An e say im go tell all im frens wey wan gif am sometin say make dem gif am moni say im no want eni yeye present. E say some time na tumbías some pipo go come gif, say dem no gif am presents. E say afta dat mareji im go baiy im moto an moni go stil remain. E says im go take dat wan go start im house for home village.

Im come begin plan di mareji, come mi say na mi im best man an I don gree finish. Na so mi an orda frens come dey plan di mareji for Robison.

Na cards we fest print come send go give pipo wey we know say dem go come, an some of dem, na ogbonge pipo wey go give us moni plenti. An all of dem come gree say dem go come im wedding. Robison come say to make pipie gif am mom plenli moni na gud entatain im moss gif dem well well, bicos im don hia reveren fada don preach say eni pesin wen wan get more make e give more.

But since Robosin dey go church im neva rememba say if im put more moni insaid offering box im go get more. Na only now wen im wedding reach naim e rememba say I say im reveren fada say if person gif more im go get more more, bicos im wan baiy moto. Naim com make Robison spend moni no bi small. E efun borrow moni from im frens bicos e justs wam make moni enihow.

To cut di tori, mai fren Robosin forget say na rainy sizin naim we dey. Una no say if flai wan daie e no dey rememba say shit dey smell again. I tell una say a bi im best man. Na church we dey for di mareji naim rain start. Mai fren come tink say na some body for fada house dey frai egg.

Bicos if rain wan start e go be laik say dem dey frai egg. Naim I come pinch am say rain don start. E say no bi rain say na pipo dey frai sometin for fada house. E no gree belive me. But wen di rain come tu much im come dey dumb. Afta sometime di rain come stop. We come dey go for reception. As we want start, di rain start again. An e fall till nait. All di pipo wen we expect no come, im no come get enitin atall Na so di old boy take sell im stero, fridge and TV bicos di pipo wen im borrow moni no gree am rest. Lizard wen follow rat jump enta water if lizard body drai di rat body no go dry in time. I pity Robison becos im no come get present atall becos pipo no con show face becos of di rain wey fall till day break. Robison no learn well from Yoruba pipo dem well well bifor im juss wan copi copi dem parti styili. But make I no lai I chop and shark maisef well well con see food as im dey call food as I dey chop moimoi with raice na so I dey wack better iyan reali reali pando yam with assorted meat dem, sake of say di rain no let many pipo dem come. So na mi God con beless pass with all the food an boosi with betta origina ogogoro. Na Robison parti naim I con rememba one Oyinbo person so wey I don no for many many yars na God go help us dis liversbrodas dem con discover our naija con discover our wackes dem unpon all dem wan efen sef take styli styli come say dem discover our food. Make una con see how Oyinbo dey haid wack ewedu an amola di tin no bi small o. Di oyinbo na Italy e from come.

Dis Oyinbo man dey sabi tok beta tin for dia Oyinbo fud. If you hia how im dey tok about Oyinbo wack you sef go taya for ram. Di man say im no no wai African man dey wack draw draw E say im no fit chop say I bi like say na poizin we dem put for mout. Di oyinbo no dey gree say black man food dey atall, wen dem follow am argue about fud sotey dem go tay am.

Im frens dem go dey tell am say na African man wack naim gud pass but im no go gree atall. Tru tru Oyinbo no fit play black man wayo make black man no carcham, bicos Oyinbo sense no reach black man sense. Some pipo come dey vex as di man dey tok anyhow about Naija wackes dem.

Some pipo come hate am, dem no want take eye see am again. Efen sef di wuman wen get di bar wey di Oyinbo dey drink come hate di Oyinbo. Wen di Oyinbo don yabu us finish, if im come di nest day say im wan baiy bia di wuman go say im no get bia. no body wey no say di Oyinbo dey haid dey wack amala and tuwo, dis Oyinbo don stay for Nigeria e don reach 10 yias now.

E come reach wan day in friend Wale go visit for im house, but Wale no no say im Oyinbo friend dey wack amala. As e ring di bell e just haid di food kwick kwick e don hid am undir im chiar for im parlour, but e no no say di ewedu soup wey im take dey nack di amala don scaata in shirt. Wen im come opun di door Wale come come in. Wale come ask say wetin im dey du, e come lai for ram say im just dey rest, e come go bring drink for Wale for im fridge. Wale no see di wack wey im haid unda im chiar but Wale see di ewedu soup for im shirt wey regista for im shirt. And im Oyinbo fren no no. Na dat wan im take catcham.

Di Oyinbo come tok true say im don dey wack amala e don reach four yias. e come tell Wale say all di yeye tok wey im dey tok about African wackis say na wayo im take am dey do pipo. Im come bring di wack wey im hid undir di chiar show Wale, Wale no fit haid im larf again becos di tin na say e dey shameful. Na so o dem don fool us taya taya na so dem call all our Gods dem idolwarship wey dem take force con carry all our God dem dey make dicoration for dem house for Oyinboland dem. I no no who con tell mai pipo dem say dem God no be God an dem own God bi true God. Das why we dey warship God wey no no us. How im go beless us? Dis na smiple wayo wey we think say anytin wey Oyinbo dem tell us bi true but di only true. Yes wen I shark mai ogogoro una no say di tin don hard bi dat, mai pipo Life don hard well well no bi small for di obodo Naija. Wey be say di tin wey we dey buy for N300 don bi N1000 dis Naija wey we no efen get price wey gofument say make dem sell one tin pipo go no say naim be di price eferi where wey person go. Naija we no get dat kin tin atall atall eferi seller naim price bord bai misef gofument no fit tell am say na so e moss sell di tin sack of say person we run buy am tu na same tin dey happen dia. Sufar sufar of poor pipo tu much for di countri, abeg una gogument pipo make una do sometin this don dey tu much Haba!!!... befor befor If dem go market go buy sometin like milik them go say no pic milik dem, di wuman tell dem say item im no get pic milik say na only kaneislion im get dem go say dem no want dat wan. Dat time sef no be every kain sardine naim dem dey chop. If di sardin no be kwin of di Koast dem no go buy am. Na onli taitus dem go buy.

Nobody dey gree chop iced fish like makel or taitus fish. If persin come for your house con see you dey cook makrel or taitus e go begin laff you. say you bi poor man surfa surfa man.

Dat time pipo no dey want Naija produti wey dey reign now. Na only agbada and jorji naim dey reign dat time. Di time wey I dey tok so na around 60s or somtin afta sef na waa. Una see, dat time we dey complain say life tu hard. But na now pipo todav life paradais na dat time wey we fit chose weytin we wan chop dis days na weytin I see naim we dey. Dat time efritin chip well well. Milik Tin of milik na 20k and pipo still dey complain say e tu cos. Di Kpanla or Okporoko wen dem dey sef sell sell for N5 naim dem dey sell for N1500 now.

And pipo dey use am cook finish at once with meat and fish. If you go pipo house dat time dia pot go just ful with fish, kpanla an meat. And dis pipo no bi rich pipo, na just normal guys dem.

You see, mai pipo na oil spoil Naija. Bicos oil bring. kwick moni for Naija. Dem call am oil bumm. No bi say pipo no poor dat time wey I dey tok so, but pipo wey dey sofa at time dey cook makrel ful pot. Bicos beta pipo no dey chop makrel. di fish wey pipo dey manage okueko fish no dey fiyin where di fish dem dey call lady fish dey. Lady fish im body red small, right now life don hard no be small. Pletni plenti pipo no dey fit baiy all dis fish wey dem dey rejet bifor, now na di fish wey dem rejet naim dem buy now.

Dat time e get one man wey dey boast everytime say e no go fit eat fish wey dem don put for mortuary. As life dey hard di same pipo dem dem begin turn to mortuary fish eater.

If una see as Naija pipo dey rush mortuary fish now you go run. Di reson bi say meat tu cost now for poor pipo. Now wen di tin don shele na kpanla head naim pipo take dey cook sup now, With makre, an okueko fish, chip chip tins naim Naija pipo dey fain now, nobody dey tok about tis Pick milik again, na ani milik wey dem fin na him dem dey drink now. Today If you go marketi you go see Naija wuman dem dey waka di whole marketi, waka waka dey luke entin wey im dey fain wey chip na di only way wey person go fit coner di hard life bi dat for Naija today.

You see di tin don become bad na evribody dey sofa. So, if you dey enjoy today make you dey get redy say wan day sofa fit come. And if you dey sofa now make you get hope say enjoyment go come. Naija Make e beta for una o! una see na shark for di ogogoro naim push mi rish go market go take mai eye go chop fada krisimas for jonda.

If ogogoro no do man enitin na man go do ogogoro somtin, wai I tok so? Una go no wai, for our obodo Naija somtime we dey do pass we sef. Ani small parti wey person do na to put wan person make e bi chiarman na so di person sef go dey do yanga yanga if you wan see show na wen dem use wuman do chiarlady na dat time you go see waitin bi show. I taya for mai pipo dem if na comon one yais ol pikin wan do baiday na so some pipo dey sef wey dem go get bad belle wen dem no take dem do chiarperson for dat kain babi parti. E taya mi oo! Na di same tin wen government person dey do marriage for him pinkin na so all governors, ministers dem go gadda dey spend yafuyafu for di place because dam wan show how dem tif reach, common pipo wey dem tif im moni im no fit enta dem mix efen if e enta na boy boy im go dey do dir. Naija na who do us so?.

Na dis tin do wey dem make mistake call Olu for hai table! As una no mi na difren topic dem I nack for here, sake of say ogogoro dey shark body well well, wey e come push mi reach for how pipo wife bi, naim Ajiboye come begin praise im wife.

E say im wife na beta wuman say since wey im no get work na di wuman dey give am chop. Naim I come tok say if na other wuman dem go begin complain. but since wey im work stop naim wife dey give am with im pikin dem chop and e no complain.

Naim di other person come tell am say im bi ode. Di man tell am say pesin wey im wife dey give food na ode. Naim Ajiboye come vex as e call am ode. Di man come say im call am ode bicos wuman no dey give man chop.

Di man come begin yabu am say any body wey wuman dey give chop naim be say e don die finish, bicos di wuman go dey waka about to get di moni wey im go take gif di man chop. Im tell Ajiboye say di wuman wey dey control am an e go dey sleep with other men.

So Ajiboya come say no bi im wife, God forbid make im wife give am chop for dis Obodo Naija. Di two of dem come begin yaab dem sef, na-im Ajiboye tell am say im wife no fit give am fud bicos na bad wuman. Naim bi oga , mi juss dey luke dey laff pipo come dey put faya say make dem fight.

Ajiboye come tell am say make im stop to tok about im wife laik dat odawize im go dial with am. Naim di man tell am say im no fit du enitin to ram say im go still dey tok am say im wife go dey waka waka to meet oda men to give am chop.

Wetin come scata Ajibove hed bi say e call im wife ashawo. Na-im Ajiboye carry am for leg nack am for groun. Come see fight e no bi small, all di pipo wey di for di pammai bar come dey clap hand say make dem fight laik man.

Dem come fight sotey dem taya. Nobody seprate dem. As dem taya dem just begin luk demsef laik tu fowl wey don taya to fight. Naim di man come tell Ajiboye say won day bi won day im go go im house see another man dey wash im wife na dat time im go know say na tru im dey tok.

Na im Ajiboye tell am say im wife no bi ashowo na im own wife bi ashawo. Two of dem come dey curse demsef as dem dey go home. Naim di man wey get di bar come warn Ajiboye an di other man say if anybody fight for im bar again im go drive am or take police arrest am.

True true e no reach one week Ajiboye reach home for night come enta im parlour come see im chuldren as dem sleep for ground. Im come lock di door of di bed room. E dey lock. Naim im come dey say na wia im wife go dis night wey e leave parlour door open.

Na boys quarter dem live, And dat boys quarter dey cool well well. Even if you live for di compound anytin fit hapun dia you no go know bicos di place dey cool and e dey dey dark evrytime.

As im come near di door im come see say e dey lock from insidi. Im come begin knock for di door. As im begin knock di wife tink say na won of dia pickin. Wetin hapun bi say Ajiboye travel and im no tell im wife say im go come back dat day. Ajiboye tell im wife say na di oda week im go come back. But as im go home di tin wey im take go home e no get head naim make am return quick quick. As Ajiboye come enta im come see am e no no wetin im go do again. Ajiboye come put on di light na im wife an man sleep an tu of dem dey naked. Make una no ass mi weytin come happen o, I take chineke bege una weytin I dey tok bi say no wuman only dis kain tin dey happen to, na so e dey happen with man tu wey dey do extra activity one sidi infact na man own plaiti pass. Weytin mai eye nefe see? ogogoro no gud oo becos na so person go dey see waitin person no sopos see o. Na jobless wey di gofument gif naija pipo bi dat wen person finish school finish wey e no fin work, na weytin dem go chop? efen pipo wey get work bifor month come dem don already hole many many pipo, shi na moto monee to work we wan tok? Efen sef gofument make gragra say im wan pay pipo dem 30,000 naira for mont, but I dey ass if di monee for dis obodo Naija, efen fit belleful one person belle for one week? I sorry well well for mai pipo dem. Dis na one of di reason wey katakata dey skata family for our Obodo now. After katakata happen finsh efribody skata wey opportiniti go con dey easy make dem juss dey cross enibody to make monee for di famili wey no dey togeda again. Na dis problem wey our gofument kaurs be dat wen work no dey to find. Dis na sozal problem wey make am easy to cross wuman anyhow dis days, all na dash now. E get one adage wey our old pipo tok say small pikins wey want to sabi pass im papa na sabi-sabi dey killam an small pikins wey carry im papa up, na blokus go cofer di pikin face one time. Wenn you wake up for moning an you come see man pikin wey im face don dey like shit wey rain just sock make you juss *go* ask iyafaji di tin wey happyn lass night If di wuman no tok say make im man buy lapper wey dem dey call "boys folio me"an di man tok say pocket no gud, naim bi say di wuman no go gree make di man crossam an na so di man wetin call go tanda attention untele day break. Di wife wey person marri with im monee make im tok say no show, na dat day I go tell am say person on fit dey for house sabi di tin wey dey happyn for market merecine no dey for dat one atall. Mai pipo anitin wey your wife say make you buy foram wenn una dey for bed, make you juss gree efritin one time. No bi by force you go buy am. Abi im go put hann insie your pocket take monee? Na dat day you go tellam say Naze far from Nazareth an na only man fit piss insidi bottle make di tin no trowey. Wenn wuman try, katakata go buss one time. Make I tell una o, since di papa wey bom me for mai mama don dey put parable for me, im nefer tell me say man pikin work sotey im quench abi say hungri kill man wey get power for work. I nefer hear dat one atall. Di one wey I dey hear dailily na say dat lazi man, hungri don killam for im house, sodiarfour I no dey follo lazi pipo waka atall make dem no teacher me bad tin.

Una see dis we world, bi place big for we sef come remaindir. Na so mai broda wey we dey call Purple come take im two leg dem waka from Warri make im come take im tu eye see me for dis we lagos no be say im wan come see mi. Mai pipo, to come dis we Eko akete no difikoliti hard atall but na di place wey wahala come dey live. Naim Purple look me go up, come look me come down, im come see say no bi efritin wey mout see naim eye dey tok.

Na dat one tell me say craze man get broda. If you wan try am, make you go finn craseman im trouble, na all im family go sannpaper you, beat you like tinker dey beat pan. Naim con make Purple come ass me say I go traful with am, naim I tell am wusie say na me bi dis, sake of say I no remaindir for house. Naim come tok say I don tanda sotey for coast say im wann make we reach we kontri. Naim I take mai mout laaf come tellam say dat one na slendir issue, I come tell am say na sontin make crayfish benn, no bi say im juss wann benn. Dis mai broda wey dem call Purple so, na Chineke God dey do Kres-imesi an New Year for am God no dey send messegar foram atall.

An God im come sabi say wen you chop na you one, wenn you quench self na you one dem go bury yourself, abi no bi so? Small time im ask me boya I don wack atall sef, naim I tell am say for two day na onli water I dey drink, naim come ask me I come tellam say dat one no Konsan me sef. Na wenn you chop, you go shit. Abi person dey vomit di tin wey im no chop? Naim di bobo tok say forward march for Madam Do Gud im buka. Di bobo sef no dey Kukuma do guy. Make una come see me, see trouble, o, ask we juss land for Madam Do Gud joint, naim Onyema come jam me o. Diadbody don get accidint. Dat Onyema na mai "how you dey do" partner. Onyema tok say trouble don go traful, enjoyment don recome back. Naim Purple say make I take mai mout chop enjoyment. Onyema wey don chop finis bifor wash hann come clean mout naim come tok say dat one nefer catch im belle say na di tin wey bird chop naim dey carri fly. Enjoyment dey end di day we man quench, das all. Naim I tell service make im gee me Six to Six santana four rounds come jam di soup wit pounded yam four rounds, bokoto two, panla two, shaki two, edo two an ara erun three. Na so Onyema plate come dey like upchair. Any body wey enta, na Onyema dem dey look like say im bi thief, awoof wann spoil belle. Na die Onyema wann die so o? Wenn di babe enta di food, go no go, come no come, bifor we blow our youn finis, Onyema don vomit full Madam "Do Gud buka". Chineke God dey? Na wetin be dis? Onyema don spil im beta attire wey im enta. Una don see as dis world bi? Person wey chop gbi, naim fall gbi. Small pikin wey dem carri for back no sabi say leg dey pain im mama. Di babe tanda for di buka dey vomit. Naim I carri Purple mai broda comot younda come pay for we younn food wey we chop jejely.

Onyema go dey settle Madam Do Gud after later, dat one no Konsan me, Nobi onli me one don tok say I go do sontin, I no come do am again, abi na lie? Naim Purple carri me land for Warri water sidi make we go do surveyor for market as ebi say Lagos no gud for mai body as im tok. Na Until you marry two wife, naim you go sabi di one wey beta pass. Bonga fish no cheap an wetin konsan aeromplane an bridge wey don spoil. Mai style an oyibo style no go work atail . Di babe dem wey dey, Sapele watersidi dam no dey near go Enugu. Anambra pipo dem all don pick race go dem kontri. Na onli house naim bi cheaper no bi small, sake of say no bi dem buil dem own dar even for warri. Mai pipo, wetin konsan me konsan house for dis kain time? Abi we wan get abandon property palava again? As ebi say council pipo sef dey wahala me for bunk wey I been dey, naim Broda Purple say make I kukuma tanda for Warry abi Enugu. Wetin I go dey do younda sef, make una tell me now? Naim I kukuma call Broda Purple tellam say, now I don marry three wife an I don sabi di one .wey gud pass, so- diarfour make dem lef me hann one time. Craseman an im sense dey waka efritime. Make una come see beta babe dem wey bobo dem don lef dem go do gofumment work. Na so dem dey waka like sheep wey no get headmaster. Man no bi firewood, ojare. Dem no dey pass one road enta market. As ebi say work no dey now, naim I come put hann for two wuman.

Dem younn for younda no dey as we dey do for Lagos wey dem sabi say gofunment worker no get plenti monee. Gofunment workers in Naija I sorry for dem, I still dey wondir waytin dey dem head wey be say many many pipo dey, dem no dey get dem mont monee as many orda kontri dem dey do. Na tradition for Naija say dem no dey get dirm monee end of eferi mont shape shape. Many many gofunment workers pipo no dey get dem salari intime some go wait 6 mont monee no go dey dem poket, by di time monee come enta, dem go don get gbese from eferiwer dem dey. Lanlord gbese naim worse pass, becos person no go fit run comot for house. Na so lanlord go dey hammer tok for person head eferiday. Ogogoro no bi dey matta now, I dey clear for eye an sense na true tok how a whole gofunor go open im mout say na true true im nefer pay im gofunment worker dem for many many mont like 8-10 mont, an im dey get im own monee eferi day an mont. Na which obodo land we dey wey im go stil open im mout say na true true say im nefer pay workers dem. Dis wan don show say seriousness no dey we gofunment dem. eniway I sorri well well for mai pipo dem, na Egbe dem wey wan nack am for mi.

Make I recover now yes Ogogoro dey shack mi, una no say di tin moss enta body befor I go fit nack una weytin I see. I tank God dis time well well wenn I mit Peju . Mi an Peju don no wesef for long long time, Peju na taxi wey no get carrage. For Peju na aniwer e dey park, Even sef e get one-time wey e bi say, no so e im waka until im mit dem one person wey get magun (don't climb) for na for wan kain opeke wey dem dey call Vero na im body dem put magun.

Even sef e be like say Vero im head no correct. Make I tell una about Peju. Im mama no marry im papa. Na jus hit an run, im papa wan do with im mama, na so e gel belle an wen di result came na Vero dem come born. Still sha di papa of Vero jus lef am for im mama make e train am.

Vero come be one kin pikin wey no dey hear word for im mama mout. E no no say day dey dark an e dey break. Vero don go America of obodo Oyinbo, e no bring anithing come back. Di only tin wey e bring come na Oyinbo dress wey e dey wear.

Eheh! jare, na during dat time na im I come know Vero. Na one evening so, I come see Vero for near mai bunk for Yaba. E jus dey shake im bumbum, left, right, left, right, left, right, sotay mai eye come enta im body, I come begin take mai head come begin do Arithmetic, I no no say. Vero sef don dey shadow me tu. Make una con see person wey wan die come meet person wey wan kill am. Na so our eye come jam. Na mai papa papa tell me say wen wuman take undirground eye tuk to ram, im go tell am make a followram reach home. Na so e come happyn say Vero, no kukuma waste time, na one time I just make corner an na mai bunk in land put. Igboman na im tuk am say di matter wey dem don discourse na head dem dey take agree am. We no waste time, Vero don remove her dross E don commot im brace, e don comot im short blouse, wey just reach in stomach. Wetin remain again, na so e come kneel down, come begin commot mai turossa, mai pata, mai shirt, as he dey commot am, na so e dey take im tongue dey lick mai body. Sotay e come take im tongue for mai wetin call. Small time, e put mai wetin call for im mout full.

Kai! small time, l don reach obodo Oyinbo of America, I come remember di time wey I dey for Florida for wondirland of Californa. As e dey take im mout dey do di blow job, na so I take mai finger dey play piano for im head. Small time, I just drag an up put for bed gbam, na im I come enta. Come see fight between omo onidodo and onimoimoi for Lafiaji o. Make I make long tori make e short small, naim Vero begin ridi bicycle for breeze, an for air. I swear ogogoro no gud na push mi I push you.

Na so we dey ridi bicycle, we blow pepper for mouth so tay, di miliki of human kindness come land for we body, sweat self come cover body. I come fall out, na so Vero tu fall out for ground come sleep go. Small time, e wake an come go in house.

No be im as e be say Allah gee me talent, I no dey like to bury mai talent, na so, I come see Comfort mai ol parlee. E come meet me, to complain say I no dey call im again say weytin dey happen. Na im I come take style begam an as e gree finish so, na im I come begin scratch pimples for im back. Wetin concern me. Wetin concern agbero with overload. As I dey scratch am, na so I dey remove all im cloth, small time, all di cloth don commot. I come dey like di first day I enta dis our world. Mai wetin call come be like melon leave,E no gree stand up Chineke, God, Osanobua, kai Ofovie na so I dey pray. Con see say egbe don hack o. Abomination don happyn. Kai, na so mai mind come begin run mad like cloth wey mad dog bite.

I no no wetin I fit do. Comfort come begin laugh me. Me ke, naim omoge begin laugh say I no fit to do. Naim I come tink make I do like songo, mai grand grand grand papa do. Sha naim I come beg Comfort. As padi now na im tell me say Comfort e go leave di fight for anoda day, na so I come tank Confort. As una see Confort so she neva beg moni befor, das why I no no wetin some omoge dey do wit money. Di rate wey some omoge dey look for moni dey feri high, dem fit do anitin na juss to get di monee. An wen person ass dem weytin dem dey take di money do dem go say na juss dress and drous na him dem dey take am bai. Dis we Lagos na better city, Eko na city for show. Eko tu na place wey person dey stay, e go get plenti sense. Person we no get sense for Lagos. I no sure say e go ever get sense atall atall.Efen sef if di person stay for America, I no sure say e go get sense lia lia to lia lia. Eko wey oyibo pipo come call Lagos. Eko wey dey teach pikins sense, Eko ako omo lo ogbon (Eko wey dey teach mugu (lesson).

Even sef, I tank God, Chineke of Obodo Naija say mai papa

no call me Jonnu, wen dem bon mi. Otherwise wetin I for do, how man pikin go dey answer dat kin name sef. Jonny Na wah! Ehe ! Jonny. Make I make dis long torri make e short, small. Una sabi Jonny, na di bobo wey I tell una dey work with custom before dem come sack am from work. Jonny everi day na Christmas forram Na for one place wey be razor bladi na im e an im show dat time before im pipo come carri am go home. E don nearly turn to beggar dat time. Sha o, Jonny done recome back for Lagos o. Dis time, na V-boot e dey ridi an e don go hire one better flat for Agege aria. Na yellow opekes naim e dey carri for im motor, somtimes, dem e fit bi like five dem dey insidi am. Una kukuma no Lagos omoges dem dem no mind as long as you dey give dem cashi. Na queue dem go dey queue for your house every morning.

if you reach Jonny house na so di queue of omoges dem go long like say dem come see doctor. Na so dem go dey enta one bai one an na so new new ones go dey join dem for di queue go dey grow. Na im I hear say make I do otele mu ye (olopa wey dey work undirgroun) come reach di place.

Na there I come meet Cecilia. Im jus dey comot from the operation table wey I reach there. As e be say most of di omoge dem wey dey visit di place, dem be mai padi, una sabi get, all dis senior chicks wey no get work an wey no dey hear word for their mama mout. Somesef, na dem dey feed dem family, so therefore, mama an papa no dey question dem how dem dey manage get money.

Sha o, after Cecilia come commot, na, im Helen come enta. Small time I come tell dem say I wan go toilet, na im I come enta toilet for jonny place na anoda door, dey wen person wan enta toilet, an dat door, naim lead to di theatre wey Jonny dey see im omoges dem. Na im I juss make mistake come enta dat room. Di place dey empty na anoda door come dey sha to go direct to im football playgroun. Weytin monee dey do some pipo for dis obodo Naija an wuman dem way juss dey enta animan way dem see di tin taya me ooo. Dem no dey fear again upon weytin dey happen for obodo naija wey dey popular so wey dem dey call money ritsual na wer we day go now? Wen some pipo tink say na from anoda person im blood go make dem rich. Dis na di tin wey I no fit to undirstand ra ra.

Make una no misundirstand me ooo I no say Jonny na ritsual monee im get ooo. Weytin make me dey tok so na becos some wuman dem wey no say not everitin wey dem see no bi all dey correct. Make dem no tink say becos dem dey see some bobos wey juss dey lif life like say God no dey for some anoda person wey dem go use monee like say dem no dey work fo am. Na dis kin of bobos naim dem dey follo wey be say at di end na dem, dem go con use for dem ritsual monee later. Di tin na reali reali tin wey dey happen everi day for obodo naija.

Weytin dey happen now before before na for teyata and tv naim wey dey see am but now na reali reali wit korokoro eye we day take see am for naija today.

Today na today make you na met mi for Teyata as I dey gbaladun mai life. Ogogoro dey yafu yafun na watin person dey fin wey no dey there. Di tin con remind mi how di Teyata dey before wen dem open nami for fastac dat time, if person enta Teyata dat time na so person go dey kampe dey kule im life. Na Teyata naim Angelina come tell for mai bunk, e say im don get invite letter. Angelina, na agbero of wetin call. For im house e get omoge dem plentiful! I bow dis Lagos na wah, Im dey do for our unifasity dem don dey go recruit dem if you reach im house for Obanikoro, na wah. Sometime e go get like twenty-thirty omoge dem for im house.

Na so dem go dey tell di stori of wetin don do for night before dey break. I efen hear one of dem dey tell di odirs dem weytin one yeye oyinbo man come take im mout dey lick dem wetin call. As some oyinbo man come tell one say im wan nack am for im sidi im wetin call wey e dey take shit.

Na so dem go tuk about some oga dem wey go go jus say

make dem open dem centre page, down like dat wen di man dey look untele spit go begin commot for im mout an e go begin shake like leaf.

One come tell as im bo bo come bring im cooku say make e come dey poi am make im dey look. E say wetin concern im. Na monev im dey fin.

Di tin wey money go cause for dis we o bodo Nigeria, even sef money hand sef no go reach am.

Na for ray bunk I dey jejely na im Angelina come dey teli me about duis show wey e say dey commot for Iganmu. E say even botii wey be sombody go dey diar I come follo ram go becos im don get di invite card.

E say, im wan take mi go disigner make dem go repair mai abdul shoe, an im go take me go meet tailor make dem repair mai kongba head, an im go take me go met kapenta make dem nack mi better shoot an coat

I come tell Angelina say, Eba wey dem make yesterday, dey sweet to chop for di next morning, becos na dem oyinbo dem say old win dey grow stronger if e tay for bottle.

I come tell Angelina say Yoruba pipo dey tuk say if moi moi enta insidi agidi, e no dey commot again.

I come tell say after we poi, make I taste dat im timati wey e don reach like four year wey I don see for eye, na im I go tink wether I go see di karpenta wey wan sew mai shot and shoot.

Small time, Angelina don commot in cloth. Even dow, im mango don turn to slippers, elestic still dey well well for downstair. Even sef, e don improve for di cycle riding for breeze. Kai, na so e come put im tongue insidi mai ear come take im tongue come clean mai ear finish an na so mai head come dey tashi, like say I dey for moon wit Armstrong. Afta all dis di tin wey mai eye con see for teyata, na wah ooo building sef do pafuka finish e efen get some place wey person no fit stay for 3min becos na so so smell na diar dey smell. Naim con make ass maisef say how dis awa obodo Naija go fit take care of weytin dem bill wit planti monee go juss dey spoil, na wish time we go fit take care of our treasure so? Di tin shame me well well becos for dis one na our gofument and di pipo wey dem gif monee make dem take care of dem na dem I go blam for dis problem. Gofunment go gif monee, dem no go go control weytin dem gif person money to do. Dis tin don dey tu much wey be say pipo juss dey do as dem like sake of say monee wey dem gif sef many time e no dey reach di person wey wan take do weytin e wan use am do. Wen monee don come out from gofunment office na di end bi dat. Dis na how gofunment dey wast monee wey for help many many pipo swm wey no fit bai food to frrd im famili, di tin dey get bad efri day na disamtin. Mai pipo weytin dey vax me pass na ehrn dem still dey celebrite indipendint, dem go even dey tell demsef say happy indipendint! I nefer beleaf weytin dey happy for dem wen naija pipo dey sofa.

God help us ooo. Aniway mi tu dey celibrate di indipendint!. Naim make mi go meet Angelina for di indipendint day, afta i leaf mai ogogoro joint way I dey troway tin for body, sake of say wen im no dey for body e no go puch mi go see weytin i go tell una.

Angelina don dey lai tay tay, Shi be di eve of im busband. Angelina yellow well well,

E come tall fine. Im body be like siliki, Im leg long an na so small small hair wey be like mecca rug, full im hand and leg, im face come get oyinbo nose. Make una con see im mouth no tu small an e no tu big, e bi tike proper omo Naija.

Wen Angelina dey waka na so im backyard go dey call you wah wah wah. Kai, sometimes sef im husband no dey gree go work, because of Angelina. Angelina come spoil so tay. na so e come tink say na only im Allah create put for dis world. Everi tin na im Allah. Fine Angelina get am, tall Angelina get, am samba e git am benbee full na full moon.

Angelina husband Lake am dey dash Angelina, weytin Angelina want notin wey im husband no dey gee am.

Na so Angelina begin enjoy liaf o. Small time, na im amurobber come attack kill im husband, after four year wey dem marri. Angelina cry cry so tay e no see who go helep am cry. Na so one alhaji wey folloram go for bury, go put dust to to dust for im husband body, jus take over straight make una see troble oo.

Small time Angelina don enta another liaf again, Alhaji im own lov for rame pas power. Na so Angelina go carry money for garri bag go for obodo oyinbo of America.

na so wen Angelina go reach America of obodo oyinbo, e go buy everi tin wen dam dey sell tor yonda, e go buy so tay. e go buy tuth pick come back for Nigeria.

Angelina go buy buy buy sometime, dem dey buy oyinbo sand sef come put for Nigeria, small time now alhaji come dey broke, all di monee don finish.

Even sef Angelina come make alhaji e come enta insidi gbese. E reach one time wey all di gardin wey alhaji been get wey e dey take tomoati there, Angelina, make alhaji lef am, e no take care of dem again. Na from Obodo Oyinbo di atala an timati wey dem dey take cook come from Obodo Oyinbo.

Now gardin don die, alhaji an im pickins dem dem no see ani tin to take chop. Money no dey Weytin concern Angelina. Alhaji don ridi Angelina like bicycle taya. Shikena!

Angelina still dey for road now, Angelina na parlour light o. Angelina get plenti sisters dem. One name na currupt, one na tribali wetin, one na nepoti. Angelina im saf im middle name na trouble. E don scata Alhaji finsh wey bi say e allmoss tink say im no bi musilim again. Within make mi tell una dis tori? Na di tin wey dey happen now for awa obodo wey we no dey do di normal green revolusion again. Ass I don say befor mai head dey clear pass anitin, make una no say na ogogoro still dey body. Na true true say awa gofunment don tell us say make wey go back to go farm but we dey do yanga wey break leg. Di tin dey fire fire us all now di tomati wey we dey bai for 50kobo now na almoss 1500 naira naim we dey bai am now. But we get land yafuyafu, but we no dey use am sake of say we dey tink say na work wey monee no dey to be farma, Naija I carri hann up ooo. Weytin mi dey tok bi say make we start dey go back to farm, becos mai pipo say "wen food dey for body poor no dey diar again"maybe we go start to plan, how we go, go back go for farm make we for get food for our pikin pikin dem wey dem go fit tank we dem mama an papa. Mai obodo Naija pipo make we go back for farm go lean weytin we troway sake of say we don tu dipend for eferintin wey come for obodo oyinbo. If we bipipo wey dey tink sef, make we sit down na why dem oyinbo take us do slave for dem? Anibodi know? Mai brother and sista the only reason wey dem take slave us na just one tin, and na farming na just farming make dem slave us so dat dem go fit send come to sell for anoda contri an na di tin make dem dey rich till today. Why mai Naija pipo wey religion and laziness don full awa bodi wey we no wan farm agin. We efen forget say some of di tin wey we dey bai for obodo na awa own tin wey dem carri go and carri back n aim we dey pay for again. Mi I dey go lean frama but dem kill mai unifasity for Maroko. For Maroko pipo dey say sense pass sense, some say na wayo. Di kontri hard, no bi small o! As di hungri come dey wire me like say food nefer enta mai mouth, naim I take mai mout tok say God forbid bad tin. Na onli man wey no get sense naim hungri dey catch.

Small time now I come put mai body for cool brezze, come tanda for we doormout, I con carri plastic pan for hann like alumanjeri.

As pipo dem dey pass fiam, fiam, fiam na so I juss take style close mai eye like say I no dey see. Na so I come put di pan for mai bifor, come dey sing one kainn sing wey dem teach we for Burma. E no bi small tin I dey tell una so! Small time Lagos pipo wey mumu come dey sorri for me dey trowey plenti monee for mai pan.

I dey hear wey dem sear for di person. Wey do me dat kain tin. Na so dem dey sorri for dem papa, no bi me. Ogogoro di son of man wey im two nakedness of eye dey shine pass 200 watts. Wenn I come take styleopin mai eye come see say awoof monee don berekete Insie di pan, fiaim I tok for mai belle say, play-play dey turn chop an go, make I comot bifor dem go sabi mai wayo sake of say big fish wey waka yeye waka, na lear-tear net dey catcham, go come no dey for dat one. Na so I do iyanga land for Mama Sikira buka afta mai blind action.

I first tink how I go take to disgrace eight amala an two bush animal. Na dat one I take do welcome, Dat one juss scratch me for throat. Naim I say make dem nack me number 2. After di number 2, na dat time di tin come guage well, well, Naim I comet all di monee wey dey mai pocket come dey countam make di Mama put see say monee dey well, well.

NaimI come relax like big mans, but na jibiti wayo naim I wann play di mama Sikira for im buka.

Small time now, I come tell di wuman say I wann buy cigar for malla place make I change money for dey, naim di wuman say palava no dey. I don chop an power donn come an na so bad bad tin dem dey rack for mai head.

Na onli God go sayiour me for dis we kontri. As i tanda for read naim I begin dey tok for mesef, i think I know you bifor di war for Biafra. Small time I go change tok say I know you tu. Di tin come like say I dey taik for some rodu Wusie! Small, small naim i jass pick race enta korna one time.

Mesef kukuma sabi say nobi clear eye I taneck, dat kain tin, but sha o! God dey. Na sontin make crayfish benn, nobi say im wantam so. Mai pipo I don see really really tins wey pipo no fit imagin say e fit happen for awa obodo Naija. E get some pipo for dis obodo Naija wey bi say na lai lai dem dey take dey liaf for world. Na for Eko akete wey beger dem dey play pipo wayo, but undargron di beg beg dem get one person wey dey control dem, dem dey bring di money wey dem collect from Naija nice pipo dem to. Afta beg beg pipo finish to dey collect for dat day dem go go wear di oga wey dey protection dem dey go gif am all di monee. Afta dem gif di monee na im go first collect im own monee first before di pipo wey really collect di money for sun, rain and hamatan na like say im dey pay all dem beger salari for beg beg. Dis case no bi gofument im problem na pipo dem wey tink say na only dis work dem fit do. Weytin dey do for Naija, for Eko akete ilu ogbon dem olopa don gbabu one wuman wey bi boss of di boss of all di koni begger dem, dis wuman get like 6 house wey him bill con get like 8 motos im pikin dem dey for obodo oyinbo. Wen God wan catch am naim shi go beg for on one market for Lagos. As shi dey beg naim one im tenate wey dey liaf for one of im house con see am, di tenate shock no bi small so now shi dey make eye for im tenate make im no call im, wen di tenate no gree stop, shi con shout ole ole for im tenate as pipo wan start beat im tenate na so di tenate con tell pipo say di wuman na im landlord say e get 8 house dem wit motos dat na how olopa con catch. Di wuman even say im get pipo wey dey work for im say some dem do like blind, imbesayi, broke leg, wheelchair, some of dem go say dem need help for ehelep for transport, to make am worse say di monee wey dem dey bring we dem collect dem go go sell di monee for juju pipo, even alfa dem dey bai, pastors dem dey bai even rich rich pipo dey bai am con gif am doble di money wey dem collect say na so shi con get plenti plenti monee so. Say im dey even pay salari for all im beggers dem. Our gofunment do dis one well well na jail naim di begger boss dey now con collect all di house an moto dem. Mai pipo na all dis problem naim dey we obodo Naija wey no efen make man no better person wey reali work for im monee. Abeg make un no go use di wayo wey I use for mama Sikira buka ooo, mi an Mama Sikira we bi padi padi shi no me well well, for Yoruba pipo dem go say na happyness naim person dey happy for im neck. Na di tin I do oo, I juss dey happy for Mama Sikira im neck. Abeg make una gif mi brake small ogogoro don empty for mai body make I refil for mai joint for yonda.

Body don semkpe ogogoro mai oli wata don make mi reminda mi mai one opeke wey tototri mi well well. Im name na Segi! wow! Segi toufin o no bi small, E wan kill me sef.

Na our ol pipo say, Na water naim full frog mouth naim make dem dey tuk say water pass garri. Na true water pass garri small for mi, di tru be say, na Segi. Segi, na fine omoge. Segi tall an e come get body wey be like pillow, na so im body go dey smoth like person wey jus baff commot from baff room, everi time wey person see am. Sha o, as I dey tuk, I don dey pursue dis segi for long an I no no say na die I dey pursue like butter fly way dey play with electric light. So naim I come begin dey pursue Segi, but Segi no come gree. I tell am say papa papa wey bom mai papa papa na im get di land wey government take build fediral gofernment guest house for Buhari village. She no gree. I come tell am say indipedint building na mai papa build am for mai mama mama she no gree.

Wey tin I no tell Segi finish, she no gree at all, na im I come tell am agin con take mai head begin do aritimetic. I come go meet one of mai friend wey be prophet yes prophet for eko ile. I come tell mai prophet fren make im do sometin wey Segi go take fall for me. So naim one day so, mai friend come take bell come go for Segi area wey dey Victoria Island area. E come dey nack agogo for di area, dey tell dem make dem change say di kingdom of God dey for ground. Nobody gree come out, All of dem jus dey for dem balcony dey look. Mai fren like agriculture fowl dem wey dem put for insidi cage.

Na im mai fren come tuk say bar beach go soon overflow an na Segi dem house e go first carri go. Segi sef na only am dey for house, im come confuse, e say na quick quick run come down, come enta di street, con run go meet mai friend for dem street.

Na im e come ask am say na wetin im go do as im papa an

mama dem don travel go for Abuja, for meeting una no di kin dem meetingdem weydem dey do dir na " kowo kowo"meeting.

Mai friend come tell am say e no plenti, say make e come meet am for bar beach say na there di person wey greater than im go fit ehelep am pray, make di katakata make e no reach dem for dem house.

So mai friend come tell am say wetin Allah no fit do?. So e come tell an. say make e fast one day and come meet am for im tent for bar beach di second day, e say Chineke God of Obodo Naija go helep am drive away all di evil way mami water want take visit dem. No do no do, mai friend don come tell me as di matter dey take waka an e come tell me say make I come wait for im tent for twelve middle night, wen Segi go come for di final prayer with mami water.

Wetin masqueradi dey do wey e no take morning nack dance, na so I put head for road come arrive di place for eight p.m. in di night.

Small time, Segi don arrive an ecome suprise to see me. E come ask say na wetin me I dey do there. Naim di bobo prophet come tell am say, na me be dey head for im church. E say I dey see vision pass all of dem wey dey for bar beach there. E say make Segi kneel down make I nack am prayer.

Naim I come begin call, Allah, Qsenebua, Oritsha, an Tamunu put for Segi head. I pray sotay mai voice no fit shout again. Small time, I come begin tire for di shout wey I dey shout so, naim I come reduce mai voice to tenor. Small time tu I come enta spirit. I come tell Segi say by II minutes to I2 middle night, dem say na me go baff forram. After di baff, e go sleep till day break for di front of di sea, so dat mami water tu go come visit am. But make e no fear say na me an im onli go sleep for di place together after di prayer.

So na so we come finish prayer an I come go baff Segi. Come see her two head as di tin stand paparapa. Chineke God, I come take bar beach water come begin take am pur for im body, I take hand dey followram untile e reach between di wintch wey dey for im between two leg.

Chineke God ehey, come see me as mai body come begin catch fire. Make I no lie, im ties dem e smooth like silk, e remain small I wan begin piss for mai nicker, but I take man courage hoi am. Na wetin I go tuk, na di bear bear wey dey there or na one wey dey for di head. Na our pipo dey tuk am say na over be hair wey dey for cheast, di one wey dey undir don do. True true, di moon jus dey shine for di body and the hair wey dey for di wintch wey dey between im leg jus dey call me wah wah.

Na im I come take patient's. Sha di baff come finish, na im I come do prayer for ram. She come wear cloth. Then I come tell am say e be like say we go sleep together for insidi di tent of mai friend as e be say cold don begin catch am. She say she no mind. Na im I come enta wit am. Come see as she begin shake gbirirri like fowl wey wan die na im I come tell am say make e come dress near me for on top for di mat wey we dey.

Small time, I don put her mango for mout, small time she tu don relax body. I take style commot all her cloth. E come remain make I put kini for kini. As I jus commot mai size nine, point am for di, withch wey she get for between her leg, na so mai rod of correction come be like plantin leave wey fire don bonn.

Chineke na wetin be dis? I <u>for</u> cry. I no fit cry, I try so tay no way. Naim Segi come tell me say na im papa do di tin put for im body. E say na African insurrance. E say I moss kill two ram seven fowl, and seven piggeon for ram before mai wetin call go normal again.

Mai pipo na insidi di trouble I dey since o, na im make me I no fit write ona since. John, mai friend don helep me. I don make all di sacrifice wey Segi say make I make. Even sef I call band make dem come play for Yaba wey mai bunk dey. Even sef Segi sef come fear no gree me stand with am for di same line.

Na mai papa say wen dem dey drive small pigin fowl from kit na dat time, e dey like to play for outsidi. Segi don teach me lesson wey I no go forget lai lai to lai lai.

Aniway mai wetin call don return to normal, but I want di medicine wey go helep me spoil ani omoge wey im papa or mama put dat kin tin for im body. Na for Naija dem dey say if pikin sabi how to die im mama tu go sabi how to bury am. As we get man of God na so man of divil also dey for obodo Naija, di tori wey person dey hear eferi day for our obodo Naija, don pass us all. Na eferi day we go hear say dis pastor do dis do dat I wonda weytin dey happen? Wit some of our pastors wey don take pastor to anoda leve as dem dey tok now. Na how we go hear say pastor wey pipo tink say e dey really warship God, naim bi di same person wey we go see juju for im house, church or to make am worst wey dem say dem dey beri diad body for insidi insei im church so dat planti pipo go come im church. An na so we dey hear say some of dem dey efen sileep with dem church member no bi omoge oo, na undir 12 naim I dey tok. Some time wen person see dis pastors dem tok for public, person go efen shame im face, sake of say eferi tin wey come out of im mout na like crase person own. Na wear we dey go? As I dey drink mai ogogoro na person like me dem go say e no go enta God im house of kindom wey dem neva rich tu. Naija gofunment no juss say anitin, how pipo go dey pay gofunment in tax every day and mont wey church no go pay im own? I taya na wish kind of person near God pass mi? wey no efen get 2000 naira remain for banki afta im 20,000 naira salari for dis hard time with famili, say na im suppose pay tax? Dis we obodo naija don realli realli push mi pass mai ogogoro wey I dey shark. Dem say wen person tok e go die an wen di person no come tok atall na e go die. So why we no kuku tok and die pass di way wey religion don do for our obodo countri. Na school wey dey tok wey dem get? Moni dey yafunyafu for di pastors dem hann, make you go see dem man of God dem body weytin dem wear sef e cost pass all di cloth togeda for wey so im memba dem get. Na house you wan tok abi moto dem wey dem get? wen some memba na bus dem still dey take abi kekemaruwa for di same church wey e dey come gif part of im 20,000 salari wey im dey collect with wife and pikin dem for house. As I don say bifor bifor monee an God person no go fit warship di two di same-time dat na di naija problem bi dat. Dis no bi adviser mata weytin mai ogogoro don make me hear an see naim I dey tok.

Abi I don turn asdviser? Dis kin world wey we dey so, na wah o! Di tin wey make me tuk say na wah na because of one Mama Nkiruka an im pikins dem. Nkirulla Mama na so so wuman naim e born. E born dem like sevem all be wuman dem. An Mama Nkiruka, wen she dey for omoge mai Papa been tell me about am e say na dem be fire fire fire for fiya gbe tan.

E say she be number one. E take im wetin cal spoil area well well. All di seven daughter dem, no one know who bi im Papa. Mama Nkiruka, na so e dey change omo boys dem like person wey di change wrapper.

if e marri dis one today, di mama wey e get dat time go come carri am commot say di man no dey bring all im monee come gee dem for dem house.

Na so Mama Nkiruka come take marri seven men dem an born seven pickins one for one person 'one for one person. Na so di Mama take born seven omoges o. E come be like say bird come dey call bird for Mama Nkiru dem house.

Una kukuma know say if ashawo mama die plenty inlaw dem go plenty for di occasion.

Sha o, wen Mama Nkiru im mama die, na so pipo boku for di place. Di one wey hire chair na different, di one wey hire spoon na different, di one wey cook rice come na different, di one wey cook oku Eko come e different, na so pipo boku an na so Mama Nkiruka sef dey get plenti money.

Di tin wey come make me begin tuk di tori na Nkiru, na im

come meet me for Pitakwa wey I go. Na diar Nkiru dey wit one small bobo so wey dem dey manage dem self.

Nkiru come hear say I dey town, na im e come meet me for Bonny Street. wey I land, e come begin tell me how im Mama want am make e commot for di bobo house. E say im Mama say di bodo no get money. E say e don fin am one big bobo wey get plenti naira.

Nkiru say im don born one pikins for di bobo an im no wan leave di bobo say im lof am three much well well.

E say na so im mama first tell am say e don fin one man so. E say di bobo dey ridi V. Boot. E say im Mama come gee am one tin make im drink dat time, im come begin hate im husband, but sha na one prayer house dem remove di tin with prayer for im body, im come relof im bobo.

Small time, im come see say dem don arrest di man wey im Mama fin for ramu dat time, E say im come dicofer say di bobo dey sell dustin powdir. I come ask am say na wetin be dustin powdir. E say na cocaine naim dem dey call dustin powdir. E say sha o na so dem come take arrest di bobo, dem come put am for jail. E say na so im mama don try try try wel well to take im give any big man but im no dey gree fo ram.

E say but im tu like im mama, but im no like im mama way life. E say im don qurrell with im mama for dis matter but e stil want make im commot for dis im bobo house.

So sha, na so she come say make I gee im advise wetin im go do. Sho make una see me trouble. Na im I come ask mai sef say na which time I turn adviser. na im I come go meet Aunti Wendy , becos dat time, e be like say she tu come do one conference for wuman dem pulava for Port Harcourt. Na im I trowey everi tin go im presence an I come tell am make e advise.

Anti Wendy say di matter be like small pikin wey mess put for person mout an dem come put honey for di same person mout. E say mess dem no dey chop am, honey person no dey trowey am for mout.

E say mess dem no dey, e dey bear with im mama, but say im want am make e get plenti husband. E say make Nkiru chose di one we e like. Wether make im live life like im mama own or make e be like im papa own. Nkiru say na true. Say im no go gree lia lia to la lia with im mama. An Wendy show naim con advices mi say weytin Nkiru tok na true tok say person no fit troway im mama na reason person mus to let am see. Dis one no bi our gofunment gbeke na weytin monee dey couse for our obodo Naija, sake of say person wey no get monee for Naija dat kin person na only God go ehelep am. For our obodo Naija wey don lose weytin dem dey call shame since all dis politicans dem no dey put shame for face. Na dem wey pipo even dey call honorable, dem go honorable gofunment monee for dem pocket even if dem use di monee do sometin wey gud we for no tok. But na anoda person im fine wuman na dem go dey look for carry monee dey gif wuman dem in million, dey dash dem moto wey dem husband no fit bai for im famili, con bring confusion for di famili . Sometime na di mama of dis wuman dem na dem dey efen say make dem pikin no fear say dem dey dem back. Mr honorable na weytin na onli agbada naim we dey see, work wey you promise di pipo wey put you diar make you do you no dey do am atall atall, na parti to joli joli na only dat kin place naim we dey see you. Chairman for dis an dat parti naim you dey go dey chair ani parti dem, efen common small pikin im naming ceriomoni na you bi chairman. Di worst tin na how dem dey even spare monee for di road wey dem no dey repair, na dat one naim dey even vex me pass, di same road wey pothole dem dey an dem no say e no gud for anibody, not efen di kiyin moto wey dem dey use, wey be say wen di tin spoil e no fit repairam for dis our obodo Naija. Na dem honorable dem na dem you go see with many many bad tin dem wey no person wey dey for gofunment for aniwear surpose do. Dis no bi say na

Ogogoro dey worri me now I dey ass maisef say na weytin dey honorable for dis kin pipo dem? I no no why our pipo dem dey call dem honorable even person wey get digree pass digree our Naija pipo dem no call am honorable dis kin tin wondir mi ooo. Abeg make dem honorable demsef go do tins with honor make dem serve di pipo wey elect dem put for di place, dem bi our worker in di true correct way e no bi di ordar way round.

Ogogoro joint na di ness place wey I wan go now; I need to cool mai head well well from dis we problem for obodo Naija. Di waka waka dis time no bi small before I con fin joint wey Ogogoro dey. Mai pipo , since di joint no dey far, I kuku ma go mai fren for Calaba im name na Okon, Okon no bi beta son atall I no no how man go wakeup for di nack nack con start all over again wenn im wake, di only food wey you go see for im house na so so piure wata, bread an gesha. Una no why? Na becos dat na di onli food wey im fit prepare afta im don nack finsh. Naim make mai Kalaba babes teach me sense .

Dis sense na im make me sign contract wit three madam dem now wey be say them husband di leave dem for tay tay an e no dey touch dem wen dem come back from dem tour. Dem go dey complain say dem work tu much. Even sef, na Mai Kalaba fren na im make me go sign di contract with di madama dem.

Like I been tell una bifore bifore, Mai Kalaba fren na malaria e dey cos me ani ani time wey I carry maisef go for im bunk for Surulere. E go gee me food come gee me ani drink wey I tink say I want, but na di whole tin I go come pur foram again. Di two days wey I stay for Mai Kalaba fren house, e take mai eye see pepper no be small.

For morning, na like six time, wen sun come for head na six times Chineke Allah, Obasi, na till daybrake. Na for di second day wey I land Okon house na im dat disease way dem day call typhod don catch me o. Na so I come begin dey shake jigijigi like leave. Okon come go chemist, e no work. Shi come see say dis no bi chemis matter na so we put head for one hospital wey dey near im house.

Shage doctor, as e jus see me so na im e ask say wetin e dey do for house since wey dis im pickin wan die. Di statement wey di doctor make come shock us but e no fit to speak ani tin. Me na so so shaky shaky I dey shake.

Sha o na so doctor come say mai Kalaba babes mus to diposit five hundired taudsond naira first bifor im begin treat mi. Small time shi don commot di monee from im purse, don gee am doctor an dem don gee am receipt. No do no do, dem don tie water for up insdi bottle, dem don dix am for mai hand, na so dem come fix one so put for mai nose.

Small time naim I con dey dream say I dey with Bature dem for Alabeke. Me an oyinbo dem come begin play, draft, i come land for Lovelina dem house for flinching Street wey dey for London.

Love come happy well well. E make spagettee for me, wit fish na im I come begin wak o, an I come begin take mai head make artimetic how, I go poi am. Small time, na im one man wey look like im papa come in Di man greet me finish na im e say e won sen me for di omoge dem wey dey for dis we country Obodo Naija.

E say because of hardship wey dey awa obodo, e say omoge dem no go dey care tu much wit dem wetin call. E say na so dem go dey poi ani tin wey dem get stick. E say di tin go bring plenti trouble for dem. E say no be onli school pikin dem, e say plus ol ones, di onces wey dey for husband house an university omoge dem an di one dem wey dey for poly an JSS one and four to five. E say dem go come bring one kin disease wey ani body neva hear in name for we Obodo Nigeria. E say di disease go dey kill dem as e dey kill bobo dem. E say di only tin wey go helep omoge dem, an make dem no tink as di tin dey scratch dem make dem no scratch flesh reach bone.

As di man dey tuk, na im I dey see lovelina in with pant wey e be see through an I come see im Otunapolo, di wetin call as e come white, Chineke, na so mai size nine jus stand up like dat. E no fit bend. Even e wan tear touser, na im, Lovi come take im mout come begin chop am. Na dat enjoy I dey na im I come hear somebody dey shout from far far away, na im I come open mai eye come see one fine nurse so, ashey na im dey take mai wetin call dey blow am wit im mout an na so I don commot aspital sha. na for nurse im house I dey go direct after dem say I don well, wetin concern Agbero wit overload. Dat mai alternative wey I wan take beat hardship for obodo Naija. Mi sef no undirstand why wuman dem wey dem husban leaf dem go work go brin monee come home no dey true with dem husban na God go save us for obodo Naija. Many many famili don pafuka becos dis kain tins. Na who we go blem no bi gofunment na we wey dey life like dat. Weytin dey for make two pipo dem trust each one anoda? Monki dey work babumu dey enjoyment am. shi we go say di man no try? Wen im wan make sue say hungry no enta im house. Di person wey im tink say im dey lebour for make im leaf better liaf no kukuma repect di hard work for im husban. As I don tok befor make we no take becos of hardship begin dey do as we like weytin di man tell mi for mai dream for hospital na correct tin. E say ". E say no be onli school pikin dem, e say plus ol ones, di onces wey dey for husband house an university omoge dem an di one dem wey dey for poly an JSS one and four to five. E say dem go come bring one kin disease wey ani body neva hear in name for we Obodo Nigeria. E say di disease go dey kill dem as e dey kill bobo dem"dis tin wey e say na true word becos we dey see am now wen pipo go dey sleep with A-Z sake of say e wan show say n aim dey diar as e dey for man dem na so we get today many many omoges dem tu. Aniway dem ol pipo say "Fowel sweet, na feather gee am covering fire". Abeg make I troway ogogoro for body so dat I go fit tok weytin ogogoro don let mi see.

Mai pipo for befor din kukuma tokam say "wumans wey

dem dey poi an im wetin call come dey make plenti noise, e no gud again make dem tell arn say im wetin call na so so water sake of say im seief follo take im ear hear di noise abi I dey lie."?

I like am say una no sabi say foul dey sweat like Christmas goat, na im feather dey gee am covering for fire. Di mama wey bom di papa wey born mai papa tell me before im yamutu come quench say make di two yamsh dem dey do touch, touch, but sha o, make dem no push dem sef fall.

But sha o, if una take sake of say I dey tu dey hungry come dey make me smee, smee wit wackis, wey dey waya, tiya mi , l go open mai mout tok proper, proper, sake of say person wey dem rejection, no dey rejection im sef.

Naim I come nack mai Ileya coat an coat come waka reach mile 2 for orile igamu, mai pipo, better no dey for okro soup. Naim one bobo jus comot 500 naira take buy one bread wey two pikin dem fit chopulate kia, kia witout no drinking wata..

Naim one wuman jus appearance from one kain corner, naim im come grab di bobo im bread come dey yab di bobo say abi em think say im selef no sabi chopulate bread.

Naim im come tell am say dis bread wey im hole don turm im youn. If im wan bread make im buy another wan. Shoo! di bobo sef come dey confuse as di wuman jus come abi na some pipo sen am come meet am, come say make im go tell dem say im no see am atall, atall an if na bread dey do am, make im carry am go patapata.

Na so di wuman carri di bread enta corner free of charge of no payment. Kia, kia, di bobo pick race sake of say di wuman fit recome back. Una don see as bol face dey work for lagos awa Eko ilu ogbon?.

Naim I come enta moto wey dey go Anthony fillage as e bi say I dress baje baje, naim I kukuma do guy enta tagizi an one babe dem siddon for mai right an one dey for mai left, I come dey receive Sacramento from left an right like way I dey for hefen wey dey aboof. Mai head come dey run toffee, toffee, confusion come jam katakata. Small time, I no sabi di sidi wey I go tune. Jejely, I come ass di one wey dey for lef say wetin im clock dey nack. Naim im come laugh like say im wack yam porrage befor im come tell me say im clock don trowey las month. Naim I tell am say make im go fine am kia, kia befor water pass garri sake of say na for day time dem dey look for gout, wey black, if night land, na palava. Kia, kia naim I comot body for di babe come tafia for di onii wey dey for me right. Dat wan dey kunpe. Befor I tok sef, im din tok im name like suy im dey for interfew for work come put im address wey I go take catch am. As we come reach Anthony bus stop now, naim di driver come ass us boya Anthony dey. Naim I told am quick, quick say Anthony no dey insie moto say na so dem two omoge dem dey shikena lauf me! Naim di bobo drifer an di omoge dem begin dey laugh dem sef nobi me. As we come waka small, naim go slow come hole us patapata. Small time now, one kain big mans wey dey for our forward come call fendor sake of say im wan bought Dile Time dem. As di fendor land now, die big mans come tell am say make im gee am four diferen, diferen Dile Time dem. As di big mans jus comot. N500 make im gee di fendor, naim one kain bobo jus appearance from di comer wey onli im an im god sabi, naim in move like amadioha jus grab di monee from di big mans.

Naim di big mans come ass am say weytin dey happyn, abi im sabi am befor for teletele? Naim di bobo come tell di big mans say im dey crase proper, proper, come di query am say how ebi say im go buy four Dile Time for one blow wen im nefer wack somethin since yesterday, come ass am say abi im think say im na Equatorial' Guinea bobo. Di bobo come fes patapata im no gree hear di thin wey I dey tell am sef.

Wen di big mans come sabi say di bobo don yaari pata pata, naim im come put im moto for gear come pick race. Na so di bobo jus land di N500 for im pocket jejely, yours truly witout no address. Na now sef I come sabi say fegitable dey make man body shine well, well. Weytin I dey tok no bi say na vision I dey see afta mai ogogoro, na true true tin wey dey for we Naija naim dem dey call ogboju, Ogboju naim dem dey call for Eko ile efen e git one time so wey bey say na ashowo Ogboju dey rain for Naija, weytin dem dey do be say, dem go con ass man wey dem see for road say dem nefer chop say make e ehelp am with small monee to chop. Eniway if man con go baff with wrong soap dat day na big palava bi dat. Na so e happens for mai face way bi say I even almoss tink say na true true, weytin dem ashowo go do be say dem go say di man wey dem beg monee no wan pay dem for di sleep wey di man sleep with am in the night, say he dey run e no wan pay for im ashowo job wey im do wit am. Dem go say na like 20,000-naira naim bi dem agreement wey dem tok bifor im go sleep with di man. As par say some mans dem no dey like make planti Planti pipo con surround dem, dem go quick quick pay Ogboju person di monee make dem for no hear dat kin show. But e dey happen say dem go do am with realli crazes person tu way nefer chop tu, na dat kinyi one dey sweet pass make person see, dat one na journee man fin journee man, di tin dey hard ooo. Mai pipo palava dey Naija planti na difren difren kin of Ogboju dey we obodo countri.

Ngbeke don reach local champion

MAI peoplo" don tokam say person no dey siddon one place, dey look masqueradi, e no go see am well, well. If you wan see masqueradi proper, proper, you go dey waka from one place go for anoda. Mai pipo naim I come put leg read waka go Anambra. Mai waka for Anambra na wire Haba! All the omoge wey I think say na' cheapay dem be don open eye pass we wey dey for last port wey we dey call Eko.

Una sabi say mi an mai ogbororo no dey tok, true, true word

wey dey for mai mouth. Na untele di true, true word wey dey for mai mounth finis, naim I go begin manage lie lie. Na Ngbeke wey be mai lofer bifor di baifra war naim I go find. I don tok teletele say na di thing wey I go drink naim I go dey see, di thing wey go drink mei? I no go see me lai lai. As I enta Ngbeke, Ngbeke don reach local champion dem house, ask me di person wey I see.! Na Ngbek, Ngbeke don ripe well well. Im boys quarters don turn up- chair, all her body dey moke moke?.

Bad thing no dey hidi at all at all Ngbeke no kuku kere She jus jump catch me for neck, mi sef kukuma hoi am for waist tete an her bobby come gam mai chest like glue mai belle com dey sweet me like person wey win pool.

Naim I come remember say old firewood diferen patapata. Fear nefer comot for mai body. I jus take bold face dey follow Ngbeke like zombie. As we dey waka, na so I dey look im boys quarters and mai bom bom leg wey dey undir come dey tes, naim mi selef come take style dey warm am. Ngbeke come carri me go show im pipo' come tell dem say I be in chewing gum before the war, meselef come tell im pipo say Mgbeke na mai darlington of no regretful. All dat one wey dem day do for introduce no kukuma concern me. Di place way mai head dey na for Ngbeke behind and bilour. Kiakia. Ngbeke don make arrenge for me for baf. As im dey excursion¯ mi go baf- room, meselef come take style ass am say wetin happyn wey im nefer go im husban house Naim Ngbeke come tell me say sake of say im man get plenti wuman naim shi kukuma pack her load come tanda for im papa house say she no dey for katakata.

Naim mai body come down kuule. No do, no do, naim I go baf con see say Ngbeke tu dey follo. Mi sef kuku ma sabi say di tin don catch am well wel na so we reach bafroom, As we dey do di thing na so mai leg dem dry shake like person wey epilepsy catch. Mi ke, I no kuku worry. Ngbeke selef kukuma dey give me covering fire, Small time now, we come fall for groun. Na so I fire Ngbeke so tey for ground we come arove. I beg di thing dey like say na mountain I climb, Ngbeke dey tight plenti, plenti. Haba! If na me be im husban, walahi talahi, I for no agree to lef me so Ngbeke yam dry well, well.

Una kuku trust me as I don see di thing wey I dey look for for Sokoto insidi sokoto trouser. Make I cut am short, Sha oo, from bafroom, I go insie Ngbeke room, kiakia, im don throw wey wrapper for mi. I come wack better bitter leaf soup plus loi- loi crime wash am down wit better palm wine wey Ngbeke papa gif me mai body come dey kanpe an mai body come dey for road again. Anytime wey Ngbeke dey waka mai eye an head dey for im back if im dey recome back I dey look in chest like say na mai youn.

I come dey pray make night come quick, quick Meselef no know say di thing wey dey for mai mind dey for Ngbekeynind tu. As e bi naim I come tok say make we enta insie house go tok better. As we enta insie, na so Ngbeke come rush melike say na fight. Before I know wetin, mai wrapper dyn comot. Come see mai bom-bay leg, in don fes patapata im no go hear.

Ngbeke no kukuma wear dross, Na so we begin do di thing sotey, papa Ngbeke come dey knock for door dey shout say make we no kill our sef. Im begin beg we di thing no be food say di wan wey we don do, don reach. Naim- Ngbeke say make I no mine im papa say na so im dey misdo efery tune. As e bi say di word wey old pipo tok no bi for play, naim I come tell Ngbeke make we go recreate sake of say tomoorow na anoda day.

Naim Ngbeke no gree, Im say di thing wey you fit do today make we no putam tomorrow say naim get her thing an di thing no get metre.

Naim I come sabi say Ngbeke wan kill me for mai mama. Kia, kia, I come down from im body come tell am say make we rest small. Naim im gree come seleep. Meselef I do like say I don seleep tu. naim I carri mai pata and troser and shirt comot for intsie, wear am jejely put leg for road sake of say I nefer wan die. Ogogoro abeg no dey push mi do bad tin Eniway I no do Enitin, na just weytin dey happen naim I dey tok. Make we look am for moral sidi? Ngbeke an im husban no differen, infact weytin religion dey do us for dis obodo na waooo. We don take am like say na di only tin wey we come our world come do. I fit imagin say if na as dem take di religion na so dem take do dem work Naija for don bi like di big big obodo countri. E git somepipo wey bi say all dem time wey dem for use go sell weytin go bring food for dem pikins an famili dem, if you ass mi na for church na diar you go see dem, wey na so so prayer dem go say dem dey do, con use di valable time for pray wey no say! wen person dey pray make im get monee an di person work how monee come for dat kiyin person? Person wey no wan work fit get monee no naim bi di ansa for dis tin wey we dey tok. Why dey say dis na because Ngbeke ass mi make I advise am say why im husband dey follo many orda wumans e efen say im wan marri dem bring come house say na di tin make am leaf im husban come im papa house. Na juss two question naim I trow gif am, naim I con first ass am na say wich kayin religion im husband dey do? E na muslimu person, I con ass am di orda question say shi e no no im religion bifor e marri am? Ngbeke still dey wonda why I dey ass all dis kayin question so. Bifor e con normal na so I troway am mi word say make im juss dey ass mi weytin I dey tink, bicos e no need to dey wonda why im husband wan marri anoda wumans dem I con blast am say im no need to wonda bicos im husban fit marri as im like bicos im religion allow am say e fit marri many wumans dem. Naim Egbeke juss fin one sit make im sit down bicos im con undirstand say im for no ass sef why im con dey vex say na true true say im no efen tink like dat, say im for no ass me. Di tin wey dey happen bi say bicos of monee some wumans dem no dey think about di religion of di man abi weytin di man dey do, dem wan no at all at all. But Naija sweit no bi small wen pipo no dey pay for di main di main again dem say na for free.

Ogogoro im push mai fren Mallam wey e con gif mi Obiageli wey heavy but e soft well well for body. Na jus yestiday I come begin do artimetic of all di push me I push you wey I don do! As say na new yam of I986 come arrive. I come begin count one, two, three like small pickinsdem. Sha o, I come count, lyabo, Shadi, Ngozi, Gladys, Aminat, Bose, Ibinabo, Chichi an so an so. Na so I dey count an I dey write am down, for mai small buku. As I dey write so, na im mai frien Mallam come land for mai bunki.

Mallam come land o. Dis Mallam na mai neighbour we wey dey stay together for Yaba, na so e dey chop dem like no man business.

Make I come cut short tori make e long small, sha o na so mallam jus land for mai house o. I been wan vex small because di bobo no even gif me notic say e dey come mai place say make mi come dey go. Wen make notice say mai eye an face, na im im come tok say, Haba I jus come make I come tell you say one omoge wey full for back an full for front dey mai bunk an im tok say im name na Obiageli an im wan see you for immediate immediate Una kukuma no say me i no dey take mai two kongba ear an kongba eye see omoge abi hear say dem wan see mi. Na so I don jump out. Bifore im reach im bunk, I don furst am reach there an na weytin I see dier Ewool mai eye see di omoge like seven tut tall, an full true true for front an for back.

Chineke of Obodo Naija, im dey do some thing for dis we country. As I land for Mallam house, na so I come dey look like person wey dem don put needle for im body. I no come no wether make mai mind sweet or make e bitter. E come tell me say im name na Obiageli an e con ass me say shin a mi bi di dat Ogogoro professor I con answeram yes. Na im she come stand up.Oturugbeke, Oritshebiko, Osanebua Chineke God, she be breast, 40 waist forty and botton forty. Kai Mallam, na im I look back wey mallam dey look we wit laugh for im face.

Mallam con say oga Ogogoro, make you come carri Obiageli

go your house now, na im stupid mallam tell me o. I come look front, I come look back go no gree go. I push am e still no gree go I come do artimetic, come times two plus two an e come gee me four wey lie sguaie an I come sell di bram for Obiageli.

I tell am say make e wati say make I go bring am one present. As I wan turn, na so Obiageli ass mallam call im name jus grip me for clolt, like play, like play na so e take follow me for back.Osanabua, I come no say e don tay wey I don dey do, dis one be hired killer nack nack. Na so we come reach mai house, mai bunk an wetin Obiageli do, she no do two tins, na im cloth e begin pull. Chineke, wen e don pull im cloth, con see im body I been wan assam say wedar nn mama or na im papa bi gorrilla, but e no gree me tok. Come see her head lamp one be like one kin paupan wey yoruba pipo dey call Gbandoro. Even still e lung pass am. Chineke God, make you come helep mi, I come begin pray foi mai mind Na so Obiageli begin commot mai cloth foi mai body unlele e commot all sam sam Na im, e come put for mout. Una no say di elephant big na so e dey make noise, no body gif for an di bush. Na so Obiageli dey do, Im hand come be like foam, im head lamp come be like pillow. Eh tamuno! im body sef im soft pass cotton wool. Chineke, na so e come stop to take mai kini play mout organ, naimem come open metre for me. Chineke Allah, wey create mi man, im do well, I tank am ten time for one second Na so Obiageli put one leg for Sokoto, come put another for Kafanchan, Na im I come begin sing wole, wole wole. Chineke, if no be say dat time wey dey tok WAI still dey, I for still dey wole dey go, becos since mai papa born me for mai mama I no believe say Obiageli, as im big so an fat say e fit do dat kin tin as e do am. Na dem awa papa papa an mama mam dem say "small pikin fit git new clolt dem but dem no fit git ol clolts like ol person"n aim bi di reason wey I wan tell una waytin WAI e mean for we dat time.

Dat time WAI na weytin di kakai gofunment dem dey call

war to fight nonsense (WAI) dem con gif on program name as pipo togedament program to correct all di yeye tin dem wey we dey do for obodo naija so like corruption, tiff tiff of monee, clean clean envroment , con reach olosho dem tu. Di program na for march 1984 naim di tin con tanda for naija until September 1985. Dat short time for Naija na no nonsense time wey bi say Naija con clean well well wey bi say pipo no dey do dity dity tins dem, na only dat time naim I know say we Naija we dey hear word for gofunment well well. Bifore bifor for our obodo everi body juss dey do as im like, con see eko ile our Lagos, Lagos na national teata live show. Watin no dey happyn if you see husband an wife dey fight? Na nebour to nebour dem go dey fight for weytin no make sense at all. Best place na for market sidi wey moto park dey, dat one pass teata show na stage plus live show kata kata for here an dier na so die tin dey roll. So wen di WAI con come all di free show juss stop eferi body con bi like new born pikin way dey fear do bad tin. I we still dey like dat, mi ke I no go dey drink Ogogoro as I dey drink am now wey I fit tell una dis tori wey I don see. I dey reali sorri say di tin no go on Naija for don beta well well wey bi say nobody go fit dey drive moto wey no get correct paper abi make one-person dey git like four moto for house. I remind mi well well dat kin person moss show weytin im dey do wey im get monee planti so to bai all di moto. WAI di tin dey short wey e tanda but e show say we Naija pipo we be reali reali law repect pipo wey dey hear word. Na di tin con ass mi say na weytin con make we no continue dey do tins like dat dey go, we for don go pass di one wey dey now. I remind me well well say if mama iyabo dey sell cup of garri for 20 naira if you like waka go Sokoto na di same 20naira you go bai am di tin no dey change at all. But make you go dem shop now person no need to waka go Sokoto again na just next shop person just need to waka to di price another price you go see di tin, dem no get respect for law again. Abeg mai joint dey wait for mi, make I try waka go for dier go shark ogogoro small make I for see vision dem. Sha una no say wuman dem dey surplus for we obodo Naija? Na mai ogogoro satistic na im make mi no, afta I do mai aritimetic finish. I don remember di time wey bi say bifor man go capiture one wuman frien so, e go don take am like say nine months. Efen sef for where you dey see dem? Walahi talahi, dem scarce well well and man pikin dem boku dat time no bi small. But now, wetin dey happen? Wuman don overthrow man pikin dem, so tay if we omoge dem no take time, nearly 80 million of dem no go fit find husband marry. I sorry for dem! Bicos if Chineke God no take im hand do megard, na for nothing mallam dey distop imself.

Go reach Imo State take your eye do Christmas for your body for where omoge dem dey. Bifor you go waka like one kilometres, you go don nearly see one million omoge dem. Tufiakwa! which place we go go import man pikin dem come make dem for go round we omoge dem?

Efen sef, I dey tell gofumment say as dem don introduce second-tier market, make dem for look for market for, omoge dem otherwise di palava wey dis problem go cause in future, go pass di civil war wey we fight for dis kontri.

Mai pipo of we obodo Naija, I just recome back from some states an I swear say I nearly forget say man go recome back. bicos of wetin I see.

Eferi daily, every daily na so so gud tins na im dey reach una mi una Ogogoro.

E get some day like dat wey I no go fit finish di national assignment wey I gif maisef. Bicos, bifore I go from on top one jump down, another applicant go don dey wait already Haba! If person na imself, walahi talahi e go comit murdir for Imo State. Na so world bi? E get some place wey you go go and you no fit see pass 20 omoge dem and for dat place, plenti plenti man pikin dem go dey wahala demsef for where dem dey chase di one wey dem see.

Pipo wey dey find no dey get and for pipo wey get, e bi like say e come tu much for dem.

Dem tell me for dat place say di thing wey make omoge dem boku like dat be say di man pikin dem dier dey fear to marri, sake of say dem take marriage money dem go put feri high. I tire o, bicos na ordinary prostitute dis days wey we dey cost reach like 6,000 naira. Pussi cat Nonsense and ingredients! Imagine di likeness! How dem no go boku like dat? Das why immediately omoge dey see you so, e bi like say na where pussi see rat. No do, no do, e don begin smile like ashawo wey get plenti plenti customer. Dis one no bi say Waka don come again. Come see where nearly five omoges dey diclare serious civil war between demself simple bicos of one wey just land. An di one way dey surprise me bi say if you ask dem why dem fight demself na bicos of man, dem go ask you whether you no no say man hard to get now.

An as I dey see something so, unless say gofumment byforce every man pikin to marry reach like seven wuman dem, eziokwu, di torey go worse pass weytin America take bomb do Japan. Anyway sha, di omoge dem wey no fine, na dem I dey sorry for Bicos, bad as e bad, market go dey move small small for wuman wey fine. Patapata sugar daddy dem go take over di business as bifor. Mai pipo of we obodo kontri, market don spoil, no bi small.

To get wuman for Imo State no hard at all, at all. Dis one no bi say e get one omoge wey you dey like since long time now an you no no weytin e go tok if you go meet am. Mai broda, no distop una head for dat one. Just tell am say you go marri am no matter wetin e go cost you. Palava finish.

And if to say na obodo Lagos person come from go there, by di time una go don do one, do two, do three, no how, no how you don satisfy. Bifor di omoge go tok Jack Robinson, you go don find your way enta luxury bus begin come back. Don't mind dem o jare, abi na una put di marriage money so high?.

Another thing wey I discofer for Imo State bi say omoge dem no dey carry dem sista and girl-friend dem go visit dem man friend again. Even wuman wey don marry no dey take any how say make im sista come see am for im husband house. Na who you go blame? So tay, I Stand wit one omoge one day dey discuss an im sista Just come meet us for where we dey, Oloun, e bi like say make dis omoge take knife cut im sista head comot.

An as I tell am say make e take am jejely, di omoge ask me whether na wit am or im sista I wan do love. I beg una O? I dey beg gofumment again say make dem for sabi wetin dem go do wit dis thing. As I dey nack mai torey dey go, pipo go dey laugh and some pipo sef go dey wey go dey say e gud as e bi so. But make una remember say na awa sista dem bi soo. And as for we omoge dem, I dey advise say if una see say way no go, make una put head together and see as una go solve una problem. For mi I dey do one thing wey me I sabi na to do. If wuman surplus for me, e better pass. God bless. Weytin I no bi say for 2019 wuman dem umber na sometin like 101million wuman naim we git for our bobodo Naija. For pass pass years 50 years wuman pikin reach like 28.6 million to day wey don clim reach 160 million if we count all di wuman pikin dem small to 40 years wuman for Naija. Di increasement don come reach like dat 3.98% for dis time wey we dey now. Ah Ogogoro tu much for body abi una tink na onli dat naim dey mai head? Mai head dey clear pass di sky as di tin dey work reach. Weytin I wan say be say dat na di reason wey make mi tell una dat tori for mai visit for dat area, yes wuman planti some parent sef no kuku make am dey easy for dem wuman pikin marri who e wan becos, money na di only tin wey dem in mama an papa want, as Naija bi now I no tink say dat na di best tin to do dem pikin. For Naija today mai pipo weytin dey happyn for sake of say wuman planti don dey caus wahala for awa obodo land. Wen wuman dem dress now, wen person wakeup say make im fine food for body as person dey waka go na so so open open bress an so so niepols dem naim person go dey see. Becos today awa wuman dem no dey put bra for body again na just free show dem dey do. How Naija come spoil so me I no fit tok am, awa obodo bifor bifor na moral naim person dey look for wuman wey dey show di fine fine of a wuman an dem dey wear dem bra. To make matta worst dem no dey wear real pant again na rope pant naim dem dey wear wey dem dey call pant today. If I dey tok dis kind tin dem go say na ogogoro wey dey for body naim dey make me see weytin no dey. As you una dey read mai ogogoro vision so make una just waka go out sidi even person wey dey sell grannnut for road dem tu don join dey do di sametin, di tin na like jam wey dey spreed. E don spreed even reach for fillage wey person no go tink say Ie go dey. All dis kind tin na borrow naim dem borrow am an awa wuman dem no efen no why di pipo wey dem copy di tin from do like dat. Our obodo no bi obodo oyinbo we for Naija we git sun yanfun yanfun for obodo oyinbo dem sun na onli say di tin hot pass na for juss tu-week naim dem dey get, so na dat tim make am make dem dey dress like dat just for dat very hot time, an no bi say dem wan show dem fine fine for man dem. Na bicos di wedar dey tu hot for dem. But for our obodo wey wey dey see sun for almos di whole year we don make fashion wey we dey take make yanga. Aniway sha mi I no dey complain I no bi afa abi pastor na juss wey I see naim I dey tok. Wen di wuman dem wey dey do dat kin tin dem no bi wuman pikin dem bi full wuman so dem no waytin dey correct from weytin wey no dey right.

Our obodo kontri don turn upsidi down dis day ooo! Make una no say I don come again. Wen ogogoro push man hear an dier e go make person see weytin e no wan see or hear. Di day way Chineke God go dicidi say make dis world end, di pipo of we obodo Nigeria go see say na dem distop pass an make Chineke God vex pass. Allah, make una tok say na me tok but an di true true tok.

Bicos I dey doubt whether e get any human pikin for dis we

obodo Sodom and Gonoria wey no bi pro for dis Naija. I sabi wetin I dey tok bicos wen somebody don waka as I don waka, see di kin thing dem wey I don see, e must to sabi wetin I dey tok. Okay, start from we papa or old man dem for dis kontri, you go see say almost all of dem bi sugar daddy onli di ones dem wey dey poor an also sabi use religion to do indirect sugar daddy. E go hard bifor you go see old man like me for dis kontri wey no dey do competition wit im pikin dem age. Fine omoge dem no fit pass dem, unless dem pocket don dry. Walahi tala hi.

Commot go see where sugar daddy wey don bom big, big pipo wey don dey occupy better better post for dem difren, difren working place dey tok lie to small small omoge dem wey neva reach I5 year, sake of say e wan do kini wit dem.

Oh Chineke God! you sef go cry and ask wetin dey happen.

Commot go see where old man wey don pass 60 year dey chase small omoge so wey dey for school. E go serious wit im coco-nut head wey hair no dey again like say na national assignment e dey do. Oloun, if I dey tok lie, make I no find kini do an even if I see do, make dem bi so so wata. Wetin una dey tell me sef? Comot go see where sugar daddy dem dey carri small, small omoge don go lodge for expensive hotel dem. I dey ask, who tok say e neva see dem lai, lai?

And as dem carri dem comot so, na only Chineke God na im sabi di kin lie wey dem go don blow for dem wife and family for home.

Comot go our Unifersiti an politecknic the worst na for our secondary school dem our obodo Naija, go see where old man dem stay for line dey wait for dem girlfriend dem. If you bi JJC, you go think say di omoge na im pikin, but no diceif yoursef mai broda. na di man get di omoge, get im kini, get im school fees, get pocket money, even sef get holiday for obodo oyinbo.

Tufiakwa! As we get shakara man, no so we get shakara wuman, even sef, na shakara wuman own worse pass. Di kin mama dam wey me an you get for dis kontri, mai broda, na sisi all of dem bi.

No make mistake call some of dem madam, dem go ask you why you dey call dem madam, whether na dem senior you. Dem go vex an yab you so tay you go sorry for yourself. See where dem dey waka for road dey shake yansh eh, mai. broda, you go tire.

Yansh wey don do yangrover so tay if dem comot dross from am, shame go catch you.

I say we get shakara wuman dem for dis kontri, no bi say dem tok. I no go call dem sugar mummai bicos dem no onli specialise for carry young man dem.

Mai broda, no make mistake sleep wit dem, otherwise one month, you neva recover. Dem go pilot you so tay you no go fit see young lady for road tok to am. Haba!

Di kin mama dem wey we get for dis kontri no dey sleep on duty. Dem go do kini wit you so tay if dem tell you say dis mama don reach 60 year, you go tok say dem do jealousy for you. Walahi talahi, I dey hear say wuman get courage eh, I neva see for Nigeria wuman.

Comot go see mama Naija, dem paint face an for efry place, mai pipo, no bi person go tell una wetin dem bi. And na so dem go dey do competition wit dem daughter age dem, like say dem bi equal

Di only thing wey disgrace most of dem bi say dem head lamp don flat some dem don add silicon join am patapata. Sorry o! We get as we dey take sabi correct Naija toro man an na im bi dis, juss *go* find am trouble and if you bi man, di first place e go grab na your wetin call.

Bifor you go sabi wetin dey happen, mama Naija hand don enta insidi your dross, grab your wetin call and if you no take time, e go carry am commot for public.

Oh yes! ' Wetin you think say I dey tok? What of we omoge

dem? Lakuli, where we go start and where we go end? Na im make Sonny Okosuns sing "Which way Nigeria.!

If you dividi all di attrocity wey wuman an man dem don comit for dis world into twice, you go see say we omoge dem share go big pass all other pipo dem own.

Plenti plenti of dem dey comot belle nearly efry month! some time,,you go see say di colour of im "body don change and if you ask am wetin wrong wit am, e go tell you say e get malaria. Malaria ko, malaria ni.

Walahi talahi, no single omoge for dis we obodo kontri go fit see heaven, not to tok of enta there. Anyone of dem wey I see there for dat day, I go accuse Chineke God of partiality. How dem go enta heaven wen e Bi say as from Io year, dem don almost finish.

Comot go see di kin milk industry wey Nigeria omoge wey neva reach eight year carry for chest, and you go belief wetin I dey tell you.

True word no dey for dem mouth mai broda, no fear to do kini wit anyone of dem, sake of say e neva sabi anything. Na lie, e go even teach you di military tactics of kini.

If you see any omoge for dis we obodo Naija wey still get shame for im face, e fit bi say e just break virgin. And gif am only one month, di shame go don disappear.

If you let am stay one month again, e go gif you di international difinition of wetin call an di difren difren size wey dey for dis world.

Dem omoge dem like better thing, no bi small. Dem no wan suffer at all all, das why dem wan efrything wey bi ready madi for dem. Dem wan drive moto, live for flat, marry millioniarer and get houseboy and housegirl for serve dem.

And if you look person wey wan all dis thing dem, walahi talahi, dog better pass am.

As for we young men dem, well, dem dey try small. Na

weytin omoge dem wan hear na im dem dey tell dem. Naija young man go tell you say e bi di pikin of emir, say im papa build carter bridge for dem village an dem get 10 rolls royce moto for dem house. As soon as dem gif dem one round so, di pikin of emir don disappear bi dat. Wetin concern agbero wit overload?

Who tok say we no dey try for dis we obodo kontri? Even bifor we economai pafuka, Chineke God don no say Nigeria don turn upsidi down. Who go save us? Dat na why, wey bi say na everi place wey man put leg for Naija for everi street na church, every miniti na mosqic na so dem dey polute our hear with loud tok sack of say dem wan save pipo dem from dem bad bad ways dem, wey I dey tok. Wahala upon all di million church an mosquic Naija na still dey jagajaga an stand still. Sometime I no dey bleme dem man an wuman dem for dis obodo Naija. Everi day na drama for our pipo dem wen man wan marri for some towns dem in our obodo land. Dis na reali reali tin wey happen for dis mont, mai fren wey im name bi chikudi dat no bi di real name ooo. Make una con see drama for Isiala Ngwa area mai fren shook mi, naim dey tell mi say e dey go im home town go pay bifor im bring im wife come back to Lagos. Wen e reach dier e don do everi tin finsh wen dem begin ass weytin e go pay for im wife. Dem start say all di food dem for di parti na him go pay an di tin go cost like 200,000 naira also di tent, chair wey pipo go sidon, wit tok tok radio wey dem go use, mai say no problem. Next na bridi price wey di two famili dem don agree dem say na 100,000 naira e no complain e say okay. Upon dis dem say becos im go take anoda road wey no come sitreat to dem house naim dem fiream with 20,000-naira fine din dem come say bicos e no wait pay im bridi monee bifor im go pump im wife belle dat one na anoda 20,000naira n aim dem fine na am. Anoda fine wey dem fine na am na say make chikudi pay 25,000 naira prayer of di old pipo dem wey don dey wait for am say e come late. Anoda wahala wey Chikudi enta na wen dem do di nomal test for husband dem wen twelve omoge dem con troway dem dem colt con dress like im wife wey dem go say make in choose on if e realli reali fit to chose im wife from di twelve wuman dem. Na so mai frien con go point to di wrong wuman quik quik n aim dem land am anoda 20,000 naira fine, mai frien no kuku worri sake of say naim special day e manage make e no get bad belle for di front of everibody. As parti dey go na im dem juss stop di music wey dem dey play say now na di finali finali tin wey remain, quik quik dem don trow cola for groun say di tin wey dem want now bi 500,000 naira, wey mai Chikudi moss pay bi all di monee wey di papa don pay for im wife school fees be dat so im moss pay. Imidate Chikudi hear dis na wan kinyi hot bressi naim blow mai frien like say make im just disappear. Mai frien wey bi say im don lean well well for obodo Eko Lagos, e juss dey dance dey shike im head na im dem con ass say na weytin dem happen, mai frien no efen ass dem anitin e say im wan go piss say na where di toilet dey, mumu dem an guyman of Lagos. Na so mai frien just waka sitrat to moto park wey go enta Lagos bus wey dey collect pipo, na so di mumu pipo dem dey wait dem call for im phone e just swithch di tin comot, na so mai frien come land for Lagos. Di tin pain mi well well wey I don dey wait say di day wey Chikudi go do im marrage for Lagos say I go drink Ogogoro well well for im Neck. Na so ooo palava no wonda wey planti planti sugar mama an sugar dadies dey we obodo Naija.

Na Ogogoro push mi reach AJ city na new name for mai city of di city for Lagos, who no come Ajegule nefe see Lagos, Ajegule as e sweet reach na so im bad reach. Mai pipo abeg na wich kiyin mans naim we git for AJ city, n aim make me ass say na who con gif Aminatu belle? I no no wich kiyin shameless person go fit do dat kiyin tin with dat small girl.

Na true say Fela tok say all hole na hole but some hole dem dey wey bi say person suppose to tink well well bifor e go carry im wetin call put. If no bi so, di result go bi economic sabotage.

Bicos if you love we obodo Naija, plenti plenti tins dey wey person suppose to do to helep aim.

Mai pipo of we obodo kontri, e don happen again an di tin wey happen dey do me plenti. In fact I no no as I go fit tok am. Enimain don enta dis we obodo Nigeria an unless we do sometin now now, todey go get K-leg as I dey see tins so. Tufiakwa!

Wich one bi say person no go fit lef sometin for house comot an recome to meet dat thing as e lef am? Wich one bi say person go do kini wit small pikin an di small pikin sef no go fit open mouth tell pipo wey live wit am for house, wetin happen to am?

Na im bi say man no fit swear for ani omoge for dis we obodo Nigeria again, no matter as e small reach. No wondir uncle monkey tok say na only di pikin wey dey for insidi im belle e fit swear for, bicos di one wey hang for im back fit, dey practise arm robber an you no go sabi.

Walahi talahi mai pipo, dem don disappoint mi. And as I dey nack di torey dey go so, di tin wey happen dey pain me well well. National calamiti don happen. Some pipo wey I no no don wake mi from sleep. Dem don gif Aminatu belle. I go shout, o'

Oloun, I no no weytin make some pipo no dey fit respect demsef lai lai for'dis world. An as I dey tok so, I sabi say dem go say what of di one wey I dey do. Mai own no bi say make I tok uhna fit *go* ask pipo wey sabi mi well well, I neva carri mai wetin call put for insidi weytin I no no bifor at all at all.

Na true say I dey like undir 21 dem or goldin eaglets, but bifor I go do, I must to ask di omoge' whether, e fit carry mai wetin call. Infact, I go comot di tin show am, make e for see am bifor e go make up im mind. I dey call am preliminary assignment an unless I don do dis preliminary assignment, I no dey do.

Otherwise, I for, don go prison since wey I begin perform

poi for dis kontri. But some pipo dey for dis kontri wey bi say na enitin at all, providid say e wear dross, gud for dem. for dis type of pipo now, notin wey you fit do wey go make dem change dem bad ways.

Dis pipo wey I dey tok If dem see craze wuman today, by tomorrow dem go don gif am belle. But make una no worry shu, one day one day, monkey go go market an e no go fit, recome back again.

Mai pipo Aminatu don carry belle plenti plenti pipo wey sabi am tok say dem no fit belief way tin dem dey see.

Even di pipo wey live with am dey doubt say na belle Aminatu carry. How dem no go doubt am? Make una gba break bicos I dey come wit torey.

If Amiinatu don reach 11 years, I sure say e neva pass am. Dem just, import am from Alagbado make e come live wit im uncle for Lagos for-dis day wey just pass so. And I belief sef, bicos of di kin suffer wey e don suffer since wey dem born am. you no go see am gree say Aminatu 11, or if e reach 17. But you see, dem take am go for wrong place make e dey helep im uncle wife sell sometins for Ajegunle. Come see, weytin make Ajegunle dey notorious na bicos for dier pipo plenti, but bicos some man pikin dem for dat place no dey mercy small pikin dem lai lai. efen if you like make di small omoge get kwash-iokor, nobody care, And if you like, go hidi an for insidi lagoon, dem go go there fish am comot.

An wetin dey make me fear pass bi say, if you see some of dis pipo dem wetin call eh, you go shout tire. Walahi talahi, na serious nuclear weapon. Dem no fit use am for ani omoge, no matter as e get experience reach e no go bi imsef again.

An after dem don go finish, any person wey dey go dier go discover say na express road e dey put head go. Wicked pipo! Go see where dem dey make mouth about how dem wicked all dis small small omoge dem, you go sorry for yoursef. sorry for di omoge dem, sorry for di mama an papa wey born dem.

So, Amina don get belle now and wetin dey fear pipo bi how e go manage take born am. Di omoge small well well an e dey sick since dem import am come efen sef if dem fit helep am born di pikin.

I no no were Amniatu go go borrow beast wey e go take feed di pikin. I no get at all at all but make una come o. Mai pleople, for where Aminatu ley wen small omoge like dat go take real bullet an e no complain? How manage e come sleep with am wey di tin come happen? na im bi say na sweet mi an sweet you, so therefore palava no dey.

Infact, na dis tin dey vox some pipo wey say dem no go pity Aminatu at all. Bicos dem say if di thing no sweet am, e for complain to im pipo about wetin dey hapen to am.

But as e get mind to lie down, open leg an man pikin like di person wey dem dey suspect do am put im wetin call an e no shout, e must to carry any thing wey follow enjoyment come.

And di one wey still dey surprise efry human pikin bi say uptil today, Aminatu neva still open mouth tok who gif am belle an how many times dem do bifor di kini comot. one hour e say na so so. but how goalkeeper go take am serious wen ball don enta insidi net already? I dey suspect, say Amina go don break im virgin bifor dem import aim come for Lagos. I beg Wendy show make e see, sometime some omoge dem wey dey for village dey open eye pass di one wey dey for city.

And I sure say Amma don dey do for village bifor e come Lagos. Di only thing bi say dem neva handle am as dem take handle am dis time. Dis na serious issue wey we tink say no bi sickness for Naija, an eferitin naim we dey take put for religion. Till dis days many many pipo dem no no say to dey sleep with small small pekin dem na sickness e no bi say dem do juju for di person. Make God save us ooo, I tink say many many pipo dem we call demsef sugar daddy and sugar mummi dem tu bi weytin dem dey phedophila na pipo wey bi say na onli small small pikin naim dey sweet dem pass na dem dem gif dat kiyin name. But dis tin don dey for many many man dem for Naija becos gofunment allow dem make dem dey do am for sake of tradition an religion. How bi say person go juss wake up one morning con say na 12year old pikin naim e wan marri, shi dat wan no bi sickness? To make di tori wost na very old man dem dey ask for marri small girl, dat one shi no bi di sickness?an wen person see di pikin wey dis pipo don born, dem old pass di 12years old pikin wey dem wan marri. Dis kiyin tin na real for Naija, most of dem na religion dem dey take cover face, some go even say dem religion allow dem to marri 12years old pikin, sote dem do do carri go gofunment palament make dem allow dem marri 12years pikin. Abge dis no bi creaze? but wen dis same pipo wey go do dat tin with small pikin dem, if dem con catch dem, dem go bi di first to person wey go say make dem kill am. Di same person wey dey judge, e get 12years ol as wife for dem house tu, Abeg who bi criminal? na two of dem, but becos dem dey high place for gofunment pipo no go tok. Abi di same olopa wey put di person wey dem catch for jail, e no go fit go catch di rich position person, dat na Naija for una. No mata how Ogogoro go puch man, correct drinker no dey make mistake go land for wear 12years ol pikin dey, tokless to seleep with am. We don come to di time wey person must go tell all di ol pipo who get 12years ol as wife for house say efen if person no bi Pedophile, how bi say na every three three years dem dey marri new wife? Immidate say die one wey im marri bifor don turn old pass 12years e go say e wan marri anoda one an na which age e dey look for na 12years ol pikin again. Wen person ass dem why dat age dem go say na so dem religion tell dem make dem do. All of dis tok na excus to hid dem sickness, oyinbo say dem sickness na crasze sickness wey dey for brain of ani person wey bi say na onli small pikin dem, naim dey fancy am to seleep with, naim dem dey call Phedophila. Proper information naim awa gofunment must tell dis kin pipo dem. Mi I don tok mai own, Abeg make una no say I don come again me ogogoro I dey tok am as di tin be, but make we no pray say make we jam some Nurse dem as one of mai fren tok, e say an true true na so e bi. Nurse dem useless proper proper ? Na sick I sick I come go hospita o, for dir na Fumike wey be one nurse na im come dey for mai charge. Fumike fine e long like letter. Im nose point like Oyinbo own an im yansh come flat like fry pan. But Fumike na babi, come see Fumike eferi time e dey waka na so mai body go dey struggle insidi di pin jamas wey dem wear me. I tink Fumike sef no say Allah do overtime for im body das why e dey waka as e dey waka. Small time na im Fumike come bi like say na me e like pass, na so e go come dey ask me say wether di tin wey dey do me wether e don leaf me small an me ke. Wen Fumike dey test mai temperate na so I go dey make like say na din diadin die wan catch me. Na so Fumike go dey run an dey call dockintor make e come see me.

Ani way sha una go tink say na AIDS na im take me ogogoro go hospital Tufiakwa. Make God of Obodo Naija make im forbid bad tin. Na cold na im catch me an na im I come go see Oyinbo dockintor an di man say e go gud make I spend small money for dis hard time for our obodo Naija. So na im put mi for bed one time witout no waste time. Sha .na so I come take jam Fumike an Fumike come begin look after me. Sha make I make short tori make e long small na so I come begin make like say na dat day I go die. Na so funmi came put mai head for im hand an come put im mout for mai mout say im wan gee me furst aid. Me ke, omota, as im mout enta mai mout na so I begin dey lick im tongue. By di time wen Fumike go no wetin dey happen, water don pass garri. Fumike no fit control imself again na so mi tu dey lick mai tongue an we begin lick tongue. Like say we be ondo dog.

Sha. Una no say by dis time, Funmi don put one kin curtain for mai bed so no body fit to see wetin dey happyn for insidi mai bed.

Na so e come sleep wit me for hospital, No be say we fit do

ani tin dat day. We no do ani tin atall a tall. Na for di tomorrow dem come discharge me sha an I pay di dockintor im money an Fumike na im come take me go im house.

As I tell una Fumike na nurse wey like im job na so as we dey go im boyfriend come see us come ask am say who be dat man she come tell di bobo say mi I be im broda wey im don they tell am dey for dem ward. An dem jus discharge me today today an im wan take me go home for dem State for Ijebu.

Di bobo sef no no nurse na so e put hand for pocket for dis hard time gee me one 4,000 naira, I look di money an I con dobaie come greet di bobo say Allah go bless im pocket. Na so we come reach mai bunk. True true nurse pipo dem bi proper useless sometime, e try dog style an e make open an close. Weytin she no do?Na so we chop yam and drink water sotay we tie for mai bunk for Yaba. I don well proper proper. Mai pipo dis one no bi Ogogoro wey I take na true true tok as di tin dey happen for Naija na so e happen for odir obodo tu, dis on na from jakakat naim dem dey call the obodoland wey con dey do competition with our Naija. Dis one no gud at all weytin some nurse dey do. Di tin wey happen neva tay long, na for di time of corona naim e happen, wey Nurse go mamutu person wey get coro for body dem go nach dem sef for hosipitul im small toilet. Una shock? Make una no shock na weytin dey happen with many many of dem nurse be dat. I dey tink sometime say shin na becos dem no wan marri or becos dem no dey get time do dat tin for dem house? dey coues di dieti tin wey dem dey do? Weytin e no be say dem no say make dem no get husban, na dem juss dey do weytin dem like to dey do, one wey I no go blem dem, but I go still blam dem sake of say no bi everi wear person dey do di tin wen person no bi dog wey no dey shame wear him dey do di tin. Watin happyn for Jakata bi say di nurse begin dey eye di bobo wey dem say e git koro for body. Di tin happyn wen di nurse an di koro person meet for dem hospitu, as dem tok di tin con enta each odir body con like demsef well, dem start with wahtsapp meseger dem dey send each odir dem weytin call dey take am foto con dey send am to demsef for koro house wey dem put di bobo. Dem don see dem sef finish di tin dem no fit to dey see am for foto again, as man na which wuman go send di kini with foto wey e no go make man go crease? An na so e bi wen man also send im kini to wuman dem tu na so dem wetin call go start dey schrach dem tu. Na so di tin sweet dem reach wey dem tink say make dem go see di tins dem for real real. Afta dem catch dem for toilet dem no kuku say notin happyn, dem just tok di truth and notin but di truth say dem do di tin togetda say na true. Now gofunment dem don arrest dem say weytin dem do bad well well say na for place wey dem say make dem take care of person wey sick for korona, an di nurse no well well say di sickness dey dingrous for all pipo dem, say on top na insidi body naim dem even dey shoku shoku demsef efen make am bad for di tin wey dem do. Why I dey tok about obodo Jakarta na to let una no say e no bi sickness of dem nurse for awa obodo Naija, di tin na evfei wear naim e dey obodo Naija na normal tin, weytin dey happyn with many many nurse dem wey bi say dem no get time for dem husband for house sake of say dem go work for afternoon today, tomorrow na night dem no dey see dem husband at all at all. One way, I fit undirstand dem but e no mean say dem dey right tu, but dem bi humanbin tu wey dey get feelins. Na encorragrement na im we surpose give dem na im make say many many nurse dey wey no efen get husband but boy fren planti for dem side. But weytin con spoilam bi say na person wey dem say make dem ill finish an im dem dey dagar, na dat one no gud. Dis wan no be gbeke for awa gofunment na awa nurse dem na dem we moss ask why dem dey behave so. I don tok weytin Ogogoro make me see I no dey vex I bin tink say na onli awa obodo Naija di tin dey happyn efen sef dem say our own stil dey gud. Na ghana an some odir obodo for afrika dem own na elele say na like cake an tea di tin bi. As we git dat kayin nurse dem na so we git nurse dem wey bi dem no wan take dem eye see person we dey reali reali sick abi wey no come from money house. Na dis ones dem dey vex mi, I no undirstand why some of dem juss bi like say dem born wickedness wit dem wen dem born dem. Dem no dey juss care for sick person at all at all, di tin dey pain me tu much. Weytin dey happyn most na di wey dem dey take waka waka for dem ward na im dey vex pass dem go plainti for di ward di work dem no go do. Na di paticent wey dey call tu much na dem go sit down dey gusipe how e look like na dem go dey tok. Di worst one bi if dem put wata for person body wey dem say make dem dey watch wen di wata finish na only God dey save person for dat one, because di nurse wey put wata for person body no bi di person wey go con dey check maybe di tin dey drop as e sopose drop. Na so person go see dem dey change one go come look am e fit increses di drop anoda one go come con say di tin tu fast dey drop, some no dey efen care sef maybe di tin dey drop well or no dem own bi just make dem pass di wata for person body enitin wey happyn after dem no dey care all. Some nurse dem own dem go just waka pass di person wey dem put wata for body con go ass again say "weadir na di person get di wata wey dem put for im body "person wey no even no weytin dey happyn dey sofar con dey ass am di kayin yeye question wen na pein na im dey pein dey person. Some hospitu sef don get veri veri bad name becos of all dis kayin Nurse dem. Di place wey person go see dem kayin nurse dem na for our general hospitu dem with all di gofunment hospitu for obodo Naija. Sote many many private hospitu dem, dem nurse dey do dat kayin tin for sick person. But di tin still dey wondir wondir mi why dem dey do like dat to sick person wey dem say make dem take care. Na who person go bilamu na still gofunment dem wey no dey take care of di nurse dem, an some nurse dem get dem problem tu, wey bi say dem no no dem job abi dem no wan even work at all at all sake of say dem just dey wait for dem salari na only dat one na im dem wait for. Eniway na so e dey but if na for e sweet mi, e sweet you, own dem go do. but na who go con pay?

Na Angelina na im wan make me open mai thirty-six for dis Januari o. But na mai papa wey be original Niajaman na im dey tok say di tin wey pass for cry na laugh dem dey laugh am. Na Angelina o. Angelina jus come for mai bunk an na only once we chop yam, ance only an na im Angelina jus make abrada-kadabra.

I no con see am again But sha one wey I take dey remember Angelina be say as dem call am na so e be. Una kuku no say mi bi original Naijaman, I no dey chop frog wey get I% egg na 100%, Angelina be Angelina true true.

Evenself na as I wan begin go America of Obodo Oyinbo na im I jam Angelina for Yaba. Dat dey, na one taxi man wan mess am, na im I just comot cloth carri gasket wear because of Angelina. Na so Angelina come take like me proper proper an na so e come take follow me go home. Angelin first tell me say im chop chicken and I tell am say e go follow me go manage for buka because I don change all di money wey dey mai hand for foreign exchange.

Sha na so Angelina come take me go di buka wey dey Out limit for Yaba o. Dat day, come see as all di masses dem dey look Angelina, e bi dem like say make dem be me. Na so. Sha make I cut long tori make e short small. Na so me an Angelina come chop yam and come drink water together Di tin sweet Angelina an e sweet me tu.

Wetin I come see jus yestaday wey pass, na Angelina. E come tell me say im papa wey dey for Victoria Island wan see mi. I come ask am for wat Kwanu? E come tell me say di result of di short ball wey we play dat day don score goal. I come do like say I no hear am atall atall. I come tell am make e interpear for me becos me I no hear oyibo language. Na im she come tok say she don get belle. Na so mai mind come cut enta insidi mai belle. I come tell am say if na so, e no bad, but make God forbid make me I go see im papa for Victoria Island.

I tell am say I don print card and I go gee am dat card make e gee im papa an make di man buku appointment if e wan see me. Na so Angelina come put mout for utilise o. She come turn me to cloth, e come wash me well well wit her mout. E come ask me say how mai mama manage born me sef?. Na dat one na im make me laugh small. Na im I come tell am say na for wear dem dey ridi horse for polo field for insidi di place wey horse dem dey stay na diar mai papa am mai mama an na so dem take get mai belle an I bi weytin dem born.

Na me, di original ogogoro una Naijaman. So mai papa tell me befor im go back go mit mi papa papa dem for yonda say make I go for di world make I increase an mutiplie. Im no ever tell me say make I marri ani body, say Im self im no mari mai mama put for house.

Na for mai mama dem house I come grow. Na for diar I first begin school an wen I don grow small I come strowey come go Westin Germany. Na diar I come get all mai digree get Nack-ology an etcheteram etcheram. Wen Angelina begin cry tu much na im I come tell am tufiakwal, Who she wan take bad luck put for im face for dis new yam? I come tell am make e no comot di belle sha because e no no wetin di pickin go be for future time.

Sometime di bobo wey wan born fit to be head or tail. Na so Angelina take cry comot for mai bunk as she dey commot na so Rose dey enta. Na im laugh come catch mi I no say na di talent wey Chineke God gee me na im I day use. Na Ahala na im tok say make man no bury im talent, so me I no go bury mai talent.

As Rose enta, na im Rose come tell me say im tu don carri belle too Rose na craze omoge. As she dey stamp leg for ground, na so she dey shout for on di top of im voice. I come tell am make e cool am now.

Whosai, Na so Rose dey catch me for kini, na so she dey

catch me for mai cloth. She say I must to marri am or make I gee am money make she go pull belle. Na im I tell am say if na for pull belle, make she remove mai name. Na mai papa law I dey follow. Make we increase an mutiplie.

Rose say e mama don send am away. Na im me I tell am say e be like say na she tu go make me go tour an I go lef Lagos for some time for am.

Sodiafore, na so I take speed comot for mai bunk, wen she taya she go go im mama house. Wetin concern me. E sweet you e sweet mi who go pay? Na so mai sistas, abeg make una dey carefully carefully di way wey man pikin dem dey chop clean mouth dem planty planty dis days dem. But una mai bros dem make una to no dey dey chop clean mouth if una give person belle di tin no bi joke make una take small small tok weytin una go do for di tin, no bi just I no give you di belle. Ogogoro no dey do man make e no no wen im cross person, dat na di copy copy of oyinbo life wey we dey copy wen many many wuman dem na from facebuku, an so on naim dem dey take get dem bobo wey dem no no bifor. We don copy like we undirstand why oyinbo dey do dem tin. Weytin dem no no bi say for obodo oyinbo dem dey tok true well wel, if dem tell person say di cross cross wey dem wan start na just do rub body na so di tin go bi. if dem say na bicos na pikin dem dey fine, dem go tell di person bifor dem go start to dey cross each odir. But wey our copy copy pipo for obodo Naija, na so so lai li ana im dem dey lie demsef. Dem no go say weytin dem dey look for for dat kinyin relationship dem. I taya how dem dey copy di tin wey dem no no an even wen dem no dem go still dey make wayo wayo for demsef wuman go do im own, man go do im own bicos dem tink say all the wayo wey dey dis worl say na dem get am. Abeg mai joint dey wait for mi, Ogogoro dey hungry mi now make I trow sometin for body.

Some pikin don spoil finis, dem papa an mama tink say dem stil bi pikin for dem face Folake don spoil finish, the trouble wey dey, for dis we modern omoge dem be say dem tink say dem tu get plenty sense an wen we come jam. sense now dem com see say dem seme, na school an im mama an in papa dem dey struggle to pay im school fee, efen dem no chop dem mus make sure say Folake don chop three time plus over, Dem no wear shoe, but Folake must to wear shoe go school. Dem no dey wear better cloth, but Folake mus to wear better school uniform. Na so dem dey struggle sha Folake come take school certificate dis year wey we dey insidi so. Na for di school wey Folake dey go e come jam one boy so. Di boy dey pa, wen di bobo waka so na so all di omoge dem go dey jisoro dis bobo for di school wey im dey teach for Aiye-pe.

Di bobo come tell everi body wey say im name na Godknows. One tin wey come bad be say di bobo na youth-coper wetin-call. Na so di bobo dey chop all di omoge dem wey don advance small dem yam. Evenself na so dem dey line up for im doormout wey di school hire forram for di school. Na so Godknows come go weekend for Ibadan come jam Folake. Folake wey yeye pass forbidin bedi wey dem no dey chop.

Mai pipo of Obodo Naija, Folake yeye o. As e bi say e neva even chop yam bifor im mama im papa no no say di pikin don start to no bobo bo. Na so Godknows go come Ibadan come lodge for one youth wetin call, wey be im friend for dem house, dat one tu na person wey come from yonder... ati owun rin wa... Na diar Folake go land everi weekend, E go tell im papa na im mama for insidi di cocoa bush wey dem dey for Ibadan say im dey go learn buku wit one im friend so, eniway Godknows sha e go come jam for town.

Sha o, no do no do, alarm come blow, Now Folake dey wait for two result. One be school cert di other be di belle wey e get for Godknows.

Make I come cut long tori make e short small, wen Folake im body cortie begin, white na so im papa an im mama come no say Folake don dey chop yam an dey drink water well well.

Sha na so dem tell Folake make e tell dem di yeye boy wey do di kini forram.

Na so folake come take papa an mama say na wan of di youth copper tisha am buku say naim Tisha am di tin an say im no efen no wear im dey leif sef.

As me an mai friend dey share one small bottle of stout an come dey take our head dey do artimetic for dis auster as we go take catch fish for net. Na Folake first come in. Mai heart don sweet pass sugar. I come tink say mai prayer don answer, Sha she come tell me say na one man wey dey stay here wit Godknows dem dey ask for.

I first confusement small. Na im I come tell am say na me be di person wey dey stay with di owner of dis veri veri house an mai name na jumbul, di son of ogogoro master, the original Naija man. I tell am self say I get PhD, MD for poilogy and for poi mama an daughter together. She come say joo make I no make joke, say I no be Godknows. Folake mama no efen wait na so e shout say so na you bi di person wey give im pikin belle. Mai heart cut gbam two time. As I wan tok na so Folake im mama put teeth for mai chest. Chineke God of Obodo Naija, na im I look Jimoh wey get di house wey I dey. Jimoh wan take off, but did papa for Folake jus catch am holeam down. Chei before Folake fit explain she say no be am be Godknows an im no no di two both of we atall atall, mai cloth an body don get plenti pattern for teeth.

Sha o wen pipo dem come gather sha come ask Folake say who be di person e say di bobo name na GodKnows. Chei na so one person come ask Folake say wether im no supid. E jus dey shout say na Godknows o. For Naija plainty plainty papa and mama dem, dem tink say na onli to pay for everi tin wey pikin wan for im school bi di only tin wey dem mus do for dem pikin, some even tink say if dem do dat one naim bi say dem dey take care of dem pikin. Many many of papa and mama for obodo Naija no no say dat no bi how to teach dem pikin di best way to lef beta an con get moral. Many many parent dem wey git an di one wey no git sabi use anoda person take save dem pikin, dem no get time at all at all for dem pikin. Na dem boyboy abi house girl wey no efen ol pass dem pikin na im dem dey leave dem pikin for make e dey do work for dem pikin dey even teach am how person dey behave for out side abeg make una tell mi how small pikin fit show pikin like an how person dey do for everi tin for we world.

Na so bibili tok say" make person teach im pikin make im for get peces for im old days way dey come" Who no no must to no, walahi talahi. Na so mai own thing bi, I no dey hidi anything or cover person wey commited offence, even if, na mai mama. I dey make all matter open an no bi confidinshal, as mai friend Chief Zebrudaya take tok am. Patapata, if di person bi mai wife, e carry, me commot divorce court for divorce we marriage, fool stop. So therefore, dat na di reason why I go nack una Ngozi im torey as e take commit abortion for Mushin some time now. Di thing happen under mai korokoro eye.

According by mai dictionary, if a wuman, whether e marry or not wey don get big big pikins go do kini wit a small boy, na abornimation di wuman don commit bi dat. And dis na di exactly thing wey Ngozi do for Mushin. Make una no say I don take mai Ogogoro again na watin I see no bi say dem tell me as una no say na so ogogoro dey push person. Some pipo fit tok say wetin concern me for dis kin thing. Well, I no go tok plenti bicos I wan begin nack dis torey now now an na watin dey happen today for Naija. Na for naija dem say "weytin man fit do wuman fit do am betta betta pass man pikin" na so bi di tin wey I see, but make I first ask una why di thing no go vex me wen bi say apart since long time, how big madam like dat go carry school pikin wey neva reach to write wit parker pen to go do di kini? Dat kin thing dey vex o, mai brodas and sisters.

So, dat day I lie down say make I sleep for mai house for

Yaba . Di thing no gree come, na im I take vex commot from bed, begin put head for Mushin for one mai sista place.

Dis mai sista now, dem sack am from im working place since February and as una sabi say kontri dey hard now, e no fit get anoda work, an so e begin dey do day and night lesson for im house to cover. Person go survive now, whether work dey o or e no dey, Abi?

As I reach dat place, I see say im door lock. Na im I turn back say make I check one mai friend wey dey live opposite am bicos I see say di sista busy for insidi house wit customer. But mai pipo, if to say I no, I for no go there at all at all. I regret after bicos I just punish maiself for nothing.

I don see door open an I con make di mistake of no nock for door bicos dis mai friend bi mai real paddy man gon-goh. As I open curtain enta, if no bi say I hoi maisef, e remain! small I for collap Chineke God Saviour I fear for this life!

Chei! come see a whole Ngozi wey I dey respect well well for where e dey undir mai friend im junior broda wey dey go one. school of polytechnical for Edo state. Dis boy I sure well well sey e neva sabi as im left hand take different from im right hand. And if you see dem as di show dey go on sef, you go sabi say di boy no get experience bicos na Ngozi dey pilot am.

Shame!!!..Come see boys quarter. Chei! as I no quench for nothing dat day, I must to live long sha. And all dis time wey I enta di house dey look, dem neva still see me. Di two of dem close eye dey nack di kini like pipo wey go face firing squad in one hour time.

No bi only dat one sef, come hear wetin dey from a whole Ngozi mouth commot. Walahi talahi, no kin slang wey I no hear dat day. "Alex, you don tire? I beg make you try oooo I neva still land yet oooo! I like young boys oooooo! Dem blood strong an pure well well oooo! ejo, fire on oooo'... Haba! shame catch me. And as Ngozi dey shout all dis thing na so im front and back dem dey turn turn like say Barrister dey play music for dem dat time. Hmm, experience eh, na one kin big thing bi dat.

I no no whether Chineke god see dem, but should in case di man see dem an still no do anything about am, din Chineke God sabi forgive pipo well well. Bicos e no get anyway person go fit compare dat Ngozi and Alex show wit di one wey Adam and Eve do an wey make Chineke God drive dem commot from amusement park of Edin. Di thing wondaful, no bi say dem tell me, na as I take see am.

Anyway, I no wan waste una time bicos I dey prepare for go Owerri for visit di pipo dem there way send me letter of invite come. So therefore, I go cut di short torey long.

All dis time, way I dey tok to una so, Nogzi an im lover friend still neva see me at all atall. So, na im I dicidi say I must to go call pipo to come do eye withness wit me, but as I wan lef di house, na im dem see me. Come see as Ngozi take jump down from bed and cover cloth. All dat one biproper non-sense bicos I promise say I go tell mai pipo. Na dat promise I fulfil so. God bless mai leg an Ogogoro! For Naija today, abuse no bi for wuman pikin di tin dey touch, e dey touch man pikin tu. An why be say na pipo wey we trust our pikin put na dem dey disappoint person. Sote some no dey see am say dem do bad tin, make Chineke God safe us ooo. Dis days pipo no dey shame again maybe dem catch dem for dey do di tin dem no dey worri again, na like tea an bread di tin be like. As I tok bifor na so as di tin dey for sugar daddy na so e dey for sugar mumai tu. So we no safe at all at all na same same dem bi. Only some dey dis day wey bi say dem no dey hid am again diar own be say dem get dis kayin saying “Let dem say”. As long money dey dem poket well well dem no dey care again an weytin dem dey call shame don disapar from dem dictionary, after all dem go say na money go work am out. Any way na true di long trout of young young pipo sef tu much make we see am so. but weytin better from some sugar mommis bi say dem dey just follow bobbo wey dey old same dem no dey like under 16 dem wey dem con dey call now as "Toy boy" naim dey rain for Naija like dey juss dey hear dat kayin word bifor. Since wey moral don die for our culture pipo no dey care weytin dem dey do again. Dis tok I don dey tok am since, anoda one wey happyn na with sugar daddy wey don payi becos e wan enjoy young blood. mie pipo dis no bi fantasy ooo na real real e happen. Di tin happen wit one rich man wey get moni well well e even git radio and tv company for Naija. Na enjoyment e say make im enjoy wenn e payi, e go with im titi wey dem jam for not long ago. Dem don dey do am bifor di final con final am di baby say after dem reah dem igbadun place, dem first wack one round after dat dem wack again con begin with oyinbo ogogoro for body wey dem dey nach for body, dem no even stop for ogogoro dem gradurate di enjoy, dem begin enjoy con dey nack differen differen gbana may bi na to get power for di show mi I no no but na for dem make dem for get more power to nack demsef well well, dem don nack again an again, person wey neva take gbana go go no wetin di kayin tin dey do for body, govefument dem don tok tok taya dem don warn everi body say gbana na bad bad tin say e dey dangerous for to dey nack for body, an na even offence for gofunment say anibody wey dem catch with dat kin tin na jail dem dey jail dem. But to see weytin rech pipo dem dey do naim happyn so dem do tok say" planti moni moni naim dey show person way to distroy distory road wey dey payi person" reali reali di tok way dem say naim happyn with dis moni sugar daddy tu, persom wey get, beautiful oyoyo wuman for house wey fayin fayin pass di joung divil blood wey im carri go enjoy. Na di tin wey I dey tok bi dat, sugar daddies dem wey be say dem no dey take eye see small pikin dem, na so dem moss try try make sure say dem enta di di small girl. Make chinake God save our pikin dem from sugar daddies and sugar mommies dem na our prayer bi dat di tin don tu much for obodo Naija , eniway after dem don finish take dem gbana finish naim sleep hole di baby as shi dey nack dream na so di sugar daddy dey try enta am, dis na di begin from katakata wey send di man go meet im ansesetors dem for yonda. Quick quick as di happyn dey baby juss scramu comot for di enjoyment room e jos vamuse, na afta some days naim olopa dem con catch di baby. Make una as me weytin e say" e ass mi make I go fine place wey we go do di do, after I get di place fine e con say make I go look di place well well afta I look am finsh, e con pay for di place. Dat na how di ti bi na on Sunday, so on Monday we dey togetda we eat we play with each orda, we drink we smoke I even go buy food for all of us for dat Monday na di tin wey happyn bi dat. So on Tuesday e dey try make in nack me again but dat day I dey taya, becos I say I taya e con wan force me an so e con dey hungry well well becos I say I no want do sack of say I taya any way e try I give am di tin chop. So around afternoon we con order for make we somke, and also rufis togeda, dat na di tin wey we take for dat afternoon. We con eat di food wey we buy for Monday after we eat an somoke finish we con high two of us con high, so I no dey happy for di first one wey e force mi do, e con ass mi make we do am again but me I still day somoke an eat wen e say make we do again. So e con eat im own finish con lay for cowuch, as we dey watch movies di same time, as we dey watch movies na so e con come at to me say make we do I tell again say I no dey do again say I taya, na him I con say but you help me an e no assist me for enitin but you juss dey play with me around, so e con say if dat na di problem say make I take him moneycard say make I go take money wey I need den e con tell me di pin number for di moneycard wey e give me. Na im I con say e no bi di tin wey I mean bi dat so afta I tell am so e con dey vaulent an hangri con dey try get me, as e dey force am na so me tu dey reject am say make im stop say I no do, as we dey drage dey drage im con nack mai head for wall. Becos of mai difence me tu con do am back nack head for wall, e even reach di point wey e even wan take air comot from mai brite self dat one happyn for kitchen table na dier he come pin me put. As im dey press me down on di kitch table naim mai hand con reach di niefe wey dey di kitchen table. Na so I con take di niefe cuku two times for im neck"una hear weytin di baby tok? Afta olopa catch am finish dem fine 10million naira for di baby im bank account. So una see weytin dey happyn to sugar daddy dem wey be say na small small girls dem na him dem dey look for. Na God go save us ooooo, for mi ogogoro don do mi, I neva graduate reach to dey somoke somoke weytin pass me, evensef wey di moni to go buy dat kayin tin sef?

Moral don die long long time for Naija dem no no weytin bi moral again upon say naija na di only obodo wey church an mosqic planti pass. Die tin wondir me ooo tins dey happyn for diar oo.

Weytin I neva see wit mai korokoro eye dem, I tank Ogogoro wey push mi reach all the place dem. Na mai Ogogoro joint for mama Udeme naim I say make I go enjoyment maisef, wen Mama Udeme dey tell me say beta dey for mi, sake of say e no say na aniwear naim I fit waka reach if na for Ogogoro sake. Na so Mama Udeme say make I push maisef go Akwa Ibom make I go see how Ogogoro dey cheape say I go drink until I go say I no go drink Ogogoro again. Naim I say for wear dat won no fit happyn. Na so mi to con face road to Akwa Ibom. But sometin jus say make I turn turn rewas go back, na so I revers back begin waka go back to base. As we dey tok everi day mai pipo troble dey ooooo I no no wear we go start bad bad tin wey day happen for dis our obodo Naija wey bi say our pikin dem no save again. I don happyn again for Akpoha community in Afikpo North Local Government Area of Ebonyi State. Some pipo dem juss born dem make dem juss dey do bad for person like dem, I no no may be na becos dem no get weytin dem dey do, or if na dem no wan do sometin di tin taya me well well, happen no bi small at all at all. Make una see weytin way happyn for small pikin wey no no juss dey go for school, di pikin na juss 10 years. Make una see how bad pipo dem dey make small pikin say im no wan go school again, bicos of one old for notin humanbeing naim wey go spoil di pikin im life. Weytin happyn dey bad to for kontri wey dis kayin tin no dey bifor sake of say pipo dem no get job wey dem dey do but na weytin make we say dey make all distin dey happyn Naija gofument dem get folt for dis tin wey dey happyn now an lezi pipo dem wey no wan work dem boku tu for Naija today. Dis tin dey shameful well well na ass di small girl pikin wey bi 10 years ol dey go school with im small broda, naim e say wata dey hunry am drink, make una dey hear ass di small pikin say make e go ass wata from pipo dem naim e go jam bad ol man wey juss dey lezi for house say make e ass for wata. Na so dis small pikin go jam im bad luck ooo. Di man na 24year ol person wey no no weytin im go take start for im life I still dey tink sef na weytin go make person wey wake up one morning say na di tin im wann do wey no bi how to go fine chop or work go do. I no blem di person wey say dem get lezi youths for obodo Naija. But true true dis na di reali example for one of the lezi youth wey dem dey tok. 24 years ol person na him do dey sleep for with 10 years ol pikin. Na so dis yeye person go nake di small girl finish wey di pikin self no no weytin don happyn to am, to make am worse di small girl no even get mama an papa again am for im gran mama place e dey live. So as no so di granmama say im take fin out watin happyn. E say as him say make di pikin go put fire wood for fire naim im see blood wey dey im waytin call wey dey for im pant as e ben down dey blow briss for fire. To make di tin worse di granmama no even know say dat kayin tin dey happyn to di pikin na afta 9 days wey di tin happyn naim e just dey no weytin happyn. Dis won also wondir me why di pikin no tell im granmama weytin happyn for am dat same day wey di tin happyn to am. Inmagin watin dem do for die wuman ass e come see di tin wey dem do him small die pikin na so dem go for die person wey do di small pikin die tin, as dem reach dier with police dem catch am carry go dem station. Wenn dem reach for station, na so dem come do do wey dem come free di ol person wey do di tin to di small pikin say make him pay damages to the old wuman an di pikin sack of say di ol wuman no get money take carri dem go for court. Naija we halle you well well for obodo wey no respect im pipo for dem own land. Ogogoro no go kill me oooo na so di same tin for di same town dis na di end of die woll dis one naim dey woes pass dis na pastor wey call im sef man of God eniway wey man of God for obodo? I no fit dey hear ani body dey call all dis kin pipo man of God. Di tin don tu much mai broda and sista watin happyn be say one wuman in pikin dey veri sick wey come make make am carri di pikin go church for im pastor for hillin wey dem tu beleaf tu much for Naija. Some no even beleaf for doctor again, ani small tin wey dem for go for hosipitu dem go wann go pastor im church. Watin happyn bi say police don catch dis one make we say halleluiah for dis one wey dem police do well well. Make I no call dem name, I no di pastor name an di two pikin name dem including dem mama name. di tin happyn wen one of di pikin sick well well wey make am no fit go school. So instead make e carri him pikin go where doctor go take care for di pikin na church naim e carri di girl na 16 years an im small sista na 10years so e carri di 16years ol go do diliverance as dem chuch pipo dem dey call dir oyinbo word dem. Wen e bring im pikin for church di pastor say make im leave di pikin for him church say in go diliver am but e go take like some days make di mama dey go home but make e bring di small sista of di one wey dey sick so dat e go fit take care of im sista wey dey sick. Di so call beliver wey say na onli prayer if to cure sickness wey dey happyn to im pikin, weytin dey happyn with di pikin na medical problem e no bi prayer problem upon all dis wuman even pay di pastor 30,000 naira di money wey im for go pay doctor for hospitu. Watin dey do im pikin na say di pikin get one kain sickness wey make di pikin no fit waka well well again dat na di sickness. Na di tin no make di pikin go for school bi dat. So di pastor come say mak im small sista come wey bi 10years ol.

Afta some days naim di pastor begin dey chop di sick girl with style say na so im go take help mak di sickness for go pata-pata no do no do di pastor start dey wack he dey wack everi day afta now wey di pastor don finish to wack e con call di 10years say make e come say na through am e go fit remove di sickness for im big sista so make e come say e wan pray for am an say di prayer na to remove all di bad tin wey dey make im sista sick. As una no no small pikin go like see im sista for bad place wey e no go wan help am. Na so di small pikin say afta di pastor don tell am say e wan remove di tin wey dey do for im body wey dey do im sista say make im open leg as im open leg finish na di pastor come dey chuku chuku im sweet place with im finger dey do as e dey do na so di pastor dey say make im no tell ani body about di diliver wey im dey do with am. Mai God di pastor dey do di tin with di small girl until wen di pikin reach for house naim e con tell im mama watin di pastor dey do am for church. Quick quick na so im mama jump for road dey go meet di pastor, ass im reach church naim e go meet di pastor say see weytin im 10year ol pikin tell am say na true becos di wuman don start dey tok very loud for im church. Immidately na so pastor run go him room con give di wuman di 30,000 naira wey e give pastor back. To make di tory bad di wife of di pastor as he see say troble don dey near dem na so e say abeg make we settle di tin for di church say im go pay 200,000 naira for damage di wuman no jus gree. Correct mother no gree ooo na so she con go call im broda wey get leg well well no do no do na so dem carri di pastor go police place, to make di case worst dem oga patapata for police don join hand for di tin. An dem don charge am go for court say im dey use impower as pastor dey take do dat kin bad bad tin dem. To make di case worst di pikin way dem say make im diliverance no even diliver atall na so so addition naim e even add for di pikin im life. Dis na unbelifable for di wife of di pastor tu to con offer say im wan pay di 200,000 naira di tin con wondir mi well well. I taya for our obodo naija.

Ekaette get big pant an big plate wey be say person go like clean am well well". Watin mout talk wey mai eye no fit luk finis, ekaette na proper fine omoge. E bi like figure eight. E fine pass one kin editor im wife wey I no. Di editor sef, small time wen dem tuk, di editor go say im wife fine pass everi purson yiown. Na im make me come begin make reseach an mai reseach come land me for Akwa Ibom. Ekaette, na pikin if you see am im front stand well well, im back na wah. Fine dey waka na waa waa waa. Im ikebe go dey call work, im dey roll am specially as e want am an e dey pass na so some pipo go dey open mout, spit go dey come out for dem mout.

As dem come tuk say Ekaette na im be di latest for Uyo an e fine pass even Miss Nigeria, na so I come begin take mai head dey do aritimetic. Come begin plan as e go take enta mai net as rat dey take enta trap.

I first plan make I go borrow motor from one mai friend wey be driver make im drive me enta dem house for Uyo or make I go as simple waka.

Na im I come retink I come tuk to maiself say e need make I double my show, as e be na im I don dey take am catch omoge dem.

Na so I come watch wen Ekaette wan go market. Na im I jus come jam am for road.

Come see as e dey take im boys quarter come dey dance Shina music as a dey waka.

Na so I come follow Ekaette so tay I come overtake am, an I come come back, come square wit am. I mean say we come level. Na im I come tell am how. I don hear ini sory for far far away Lagos. I tell am say di tin wey I hear an wey I come see no be lie.

Im come ask me say abi na bad tin dem dey tuk about im. I come tell am say no be bad tin atall atall. I con tell am say true true, no be lie e fine . pass early morning flower naim e come laugh, then I come see im teeth. Dem be like snow as dem dey white reach. Na im I come tell am say as e open mout so, e be like say I wan lick im mout, E say dat one no be problem.

Na im I come tell am say sometime e no go bad ef e follow me reach for di place where I land for John in place. An John im place no kukuma far from the place we stand dey tuk. Sha o, na so we take land for John place. Small time Ekaette don begin pull im cloth. An make una come see na pure white be every tin wey Ekaette come wear, from im gown reach im bra. Come enta put for im small pant wey be like rope.

Make I less di torri small, small time, mai tongue don join Ekaette im yiown for im mout. We come begin lick mout. Small time Ekaette don begin do blow job for mai wetin call. E jus carri mai wetin call come put am for moul, come begin dey chop as like dat. small time, e don pat im valley wey plenti bush dey.

I hear come allow mai size nine make e enta, chineke I come realise wetin make chineke God drive eye commot for Gardin of Edin.

Na so. I come enta insidi paradise, chop di food wey the queen land for the goldin table. Make una come see ogogoro as im dey ridi na so im dey chop apple di tin sweet no bi small. Na machine she be Chineke, na so person dey hear abisi. abisim-bom, kai, walahi talahi. Di omoge fit send person go meet God. Me sef I try make I no spoil man pikin trus me una ogogoro no disgrace una.

Na so I nack go right, I go left, I come centrale for centre. Chineke, Allah, Ekaette no tiya. Dis tin wey I dey tuk, wey don dey spend one hour, na im Ekaette, come tuk say make I stand up. Make I watch am wetin im wan do. Na im I come stand o. I come see as Ekaette come pull out robber watincall from di side of im wetin call, come put am for im wetin call come begin nack imself.

Chineke fear for catch me, but na wetin man eye neva. see before? Noting. So I come begin watch as Ekaette come begin shake for bed alone. Dis na neu tin way dey happen for naija now, pipo don dey see am like nomal tin wey person muss do now.

Na wen Ekaette don do imsef for about ten minutes na so I come see say im wetin call come dey make like small pikin we dey suck miliki from im mama bobi naim Ekaette corn stand up. E say I must not tell ani body say im get big kini wuman wetin call. E say if I no tuk, I free to come dey poi am ani time wey I like. Otiirugbeke. for make una advise me. I like Ekaetta, E fine proper but na one tin na im wan spoil dog teeth.

If you see Ekaette nawah o Wow! Ekaette dey na unbelievable Chineke God of Obodo Nigeria, come borrow me ten kobo. Ekaette, na wah for dat kin omoge o. Kai di tin wey Ekaitte do for enviromental, tuffiakwa mai mount shut up, for local government election day. Na small tin remain I no for vote o. Na dat day, I come see as wuman take be di brother of satan an how wuman come take diceive bobos make e take chop wetin dem no dey chop for gardin of Edin. As una no me Keresi don dey appear for corner, everi tin don diar even sef omoge an house opio 'dem sef. Even body dey look for Keresimesi money.

Me I don put embago for new omoge dem, even sef, wen baby laugh to me for main road, na so I dey trowey mai face. I act like say na trailer jam me for face. I no dey smile for omogo dem again. Even sef, I come take mai friend George take tie mai wetin call make e no make mistake say im wan rise for undir pata.

As I dey tuk now, na for enva, sorri o, election day. Bake una sorri again o, na two day before local election for dis we fine Obodo we fine like mai fine oga.

Yes na two day to di time I come go land for Ajegunle. Ilu Isobo, Eko. Wayo, but di countri wey omoge dem boku yafuyafu. So I don no Ekaette for some time. Na she be di omoge we pass with first class honours from mai Unifasity of Poiology. Idiaraba. Ekaette, na from Calabar an un kukuma no Kalabarians, especially their omoge dem. So make I make long tori make e short small small. So na two day to di election, I don camp fen Ekaette house for Ogbenkwo area. Na so Ekaette, come land proper Edikakan for me. Na so I come siddon come finish di whole tin, I come top am with palm wine Na im we come enta for loco job. Faka fiki faka.

Ekaette, na tall wuman, e heavy from top come reach ground, but im body dey black an e dey shine. For to do di other wetin Ekaette, na proper expert.

Na so e go take me go front, e go bring me back, e go take me go corner, e go take me go right, e go turn left come turn right. Na wetin, e wash hand come take sabi as dem dey take wetin call play draft for akwa.

Na from Thursday we begin dis bed draft come reach Satiday early moring time. Na chop, do wetin call chop do wetin call, sotay. E wan clock 8am shap for morning.

Wen e come reach time to go queue for line for di polling boot wey dey infront of Ekaette dem house. Make I no tuk lie, I beg Ekaette, I come postrate (dobale), Ekaette no gree, make I no lie. na from window, I take jump down, come land for queue wit bedsheet wey we take cover mai wetin call

Na because I wan be patrotic an I happy as I take come vote finish. I no fit go back for Ekaette place fear begin catch mi sake of say, di omoge fit fin me. Afta election na im I give gas carri my leg waka go joint to nack mai ogogoro. Sha dat na di reason wey dem dey call me ogogoro sake of say na my petrol an gas wey dey make mai head correct well well, na di joint I dey wey mama Ejiro come start im tory about Benue pipo dem. Mama Ejiro no say I bi number one wey no dey take earh dey earh say some omoge dey one side wey dey gif free of charge. Na so Mama Egiro nack for ground say make I try go dat state say na me go come back come say thank. Di whole tin wey dey mai mind na di gud news of Benue pipo. Chei! Wen dem wan chop yam or poi for Benue dem dey tie in wasist"-"Wow! Na so mama ejiro nack am down for me. Na dat mai jouney make me jam Saratu.

Salatu or na saratu dem dey call am. Wow she yeye puss yeye. She be yeye wuman proper. Come see am wit sigaret for hand like wen fowl take all im ten finger nails dey dig groun.

I sure say she don pass forty sha. She don dey enta fifty but she neva stop to dey behave like foolish person.

Wetin dey vex me pass be say, dis Salatu or Saratu, e fat for all im body. Im bobby be like di tin wey Ondo pipo dey take pound yam for Akure.

Im leg be like elephant own, im yansh big well well e come be like duck own. Especially wen duck wan do poi. She come worst pass wosiwosi She go Pitakwa for Ukwa. na di name for gardin city of Obodo Port-Hart-Court, Port Highlife wey dey for our country. Wen she come take her wetin call, spoil Porta, dem give am leave con go township.

Na so Saratu come sand for Olosha or na Onitsha, for dat place wey dem di love man injection through cloth for market. Wen Saratu or Salatu, land Onisha, so im start dey chuku-kuu quick quick . So tay one kind better oga judge wey dey for Onisha dat time come catch am well well.

Saratu no no say time dey pass wen she leave Onisha, na so

she land for Ebute Metta. Since wey she land sha, husbands and wumans wey dey for dat area dem no dey hear one. Dem don chop her yam so tay, na only kinda remain for her kini.

Saratu no no say white garri done buku for her hairs. She go dance like gigida wey no get wedge go left, she go dance like gigida come left,

Dem tell Saratu she no hear one. No be him dat las yesti-day, Saratu send me messenger say, e wan see me. Na forget na im do me, wey, I take mai very person come land for E.B. Di house wey Saratu dey live daughty pass latrin Wen I come land there.

Come see o, Na so she yakata for one kind daughty bed so. Ogogoro dem smell there. Cloth no dey for her body her wetincall come be like moi moi Idi-Oro.

I no fit vomit, me I shake head, I sorry for Saratu she no no say train don leave am since, she still dey do sisi Eko. Na Saratu im life I dey think for mai mind wen, John send me im own messenger say im wan do one kind show so for Otugbo down down for Benue.

Un no say I neva waka reach there?. Quick I don put head there, Na Nsuka road we pass. Pass Ehamufu, and Obolo Eke na so we land Otugbo. Chie... Di thing wey mai ear see mai eye no go fit tok am finish.

Di omoge wey go black go black for kini. Di one wey go yellow, even though ego get dat mark like cat for mouth, she go yellow well well or dat tin no wet na prime show na im dem mama di first, Leach dem Hecus come see dem for dat place all of them be like letter I. But dem fine. Chukwu God come borrow me ten kobo.

I look John. John re-look me for face. I smile small. Di place wey we come land now e come be like say na there bi dem market. Di market of Omoge. I don dey think say, na Aba, Pitakwa (Port Har- court), Osha, Calabar Enugu and Eko na there omoge plenti pass.

Make God no gree bad thing. Na Otugbo, dem dey yanfuy-nafu. Omoge di call omoge for di place.

John mai friend come tell me say, for di house we we go stay dem go take omoge welcome me say, Make I no refuse o. E come be like say make I abuse John. Haa. If John no no me, e no hear mai name, E no no say I be ogogoro, the son of enjoyment.

We neva sidon wen, dem bring this omoge, say na him go service me everything wey I want. If e bi food oh, she dey there, efi e bi anything dem tell me say she dey there for me. Mai mind sweet eh, if to say dem put drum for insidi mai mind di thing for dey beat bad bad. She come tell me say her name na Comfo and e come ask say, wether I go cup first or I do di kini first. I tell am say dem food na for public but kini na for oga. And dat time, na me be Oga. Na so we, waka leg by leg. hand by hand an na insidi room.

Chi, I dey come dey chop yam, this Comfor of Otugbo own na hellele. Comfor take wrapper tie me for her belle. She say na dem custom for person wey them like. Comfor dem. Shi yellow, im mango ripe but, e neva fall. She say make I nack Lagos style, I nack... she say make I nack Ibadan style, I nack, she say wat of Abuja ... I tell am say I neva rich there; she say she go teach me, She no loose cloth for mai body.

I weat so tay I tire, Comfor na case I really see na trouble ... Wen morning nearly reach Comfor say sleep dey catch am. I tell am say na lie today na today.

Anyway, Otugbo na place. I no mind, the place don make me change mai mind. I no think say I go fit marry any person wey no be Otugbo I no kuku mind if dem say I corrupt shi I no say I no do pass Naija corruption.

Corruption for Naija gofernment don deylong long-standing pallava, di tin don even go dipply rooted for our obodo Naija political with economic for our landscape. E don give ditrimental effects for how our gofernment, na which one person wan tok, public services dem? and the general overall divilopment for our obodo nation. Na where make I start, shi na the misusage of funds, bribery, embezzlement, and nepotism na some of the common way of corruption wey full for our obodo Naija political system na him I go tok.

As e bi, corruption na him dey undirmines the trust between the gofernment and im people way we call citizens, make people no di rule of law, and most of all come hampers economic to grow. An we know say e dey get im resources from essential sectors like education number one of dem all, healthcare, and infrastructure, wey dem just leave all the population to suffer di consequences of say dem no give us inadiquate public services. Moreover, dem no no say na all dis tin dem dey do wey perpetuates cycle cycle for poverty and inequality dem, as the most vulnerable populations bear wey dey brunt dem corrupt practices walahitalahi I don blow gramma for here. na the tin come make dem say dem go fight the corrupt dem, for obodo Naija, wey dem come establishment wetin dem dey call anti-corruption wayo agency and on top of am dem come make many many reforms dem. The Economic and Financial Crimes Commission (EFCC) and the Indipendint Corrupt Practices and Offenses Commission (ICPC) na him dem intrust for investigate and prosecute all corruption cases dem. To add with am, Naija gofernment don sign for all international agreement and say dem want fight to make am get law and also to promote true true law say make dem promote open work and account for everytin dem how dem dey pay and use money for obodo Naija.

Anyway even with all this law dem and agency dem, trust Naija dem still dey dey try to do am true true for obodo Naija. Even say dem dey tok about the problem wey dey face dem about corrupt wey dem dey try stop with all the organization dem wey dem don establish dem still neva see any improvement dem wey fit fight all promotion for transparency and integrity of our people of gofenment with the culture of doing tins dem wey no allow corruption. Na make naija gofernment dey make campaign for im people say dem tu get planty work wey dem must do with all the people and say also requires the civil society organizations dem, the private sector dem, and the citizens demsefves to demand always ask for accountability an say make dem tu actively take part fight against corruption for obodo Naija. As the progress be for Naija since some years now, the fight to battle against corruption in Naija still dey go on. E dey crucial say make dem dey continue the fight, since wey transparent and accountable for gofernment dey very essential for the obodo Naija sustainable divelopment dem and the well-being of Naija citizens dem. Mai people me ogogoro don see watin dey happen, the tin no be small ooo dis na the second time wey be say dem oga patatpata dem wey dem say make e end the fight dem self don chop money wey dem collect back from corrupt people dem. Naija which way? Dis tin dey make I just dey mai scratch head after I don rock mai ogogoro finish for mama ikechi joint. Na dongorayo ogogoro I say I wan, but na buratashi ogogoro na im e sell me, na after I con dey see say mai gbola dey do wan kind way strong head wey just dey suwell. Na im I kuku say make I join mai olosho friend go say hello. As I land dir, di tin wey dem take saute us na election noise pipo dem wey dey campain direct of my friend im wimdow. Because na election time, word we no dey hear again everiwear na so so noise. For mai olosho friend im place na diffent diffent tin dey happen for dir, infact I even meet one mama Angelina wit im husband.

Di time wey mama Angelina dey go home for new yam festival im no no say bifor im come back anoda pesin go don take im husband. Na di political shaky shaky naim make am go for di new yam festival nobi say im just wan go.

Di time wen im dey go papa Angelina baiy tins plenty way

dem go chop for home. Notin wey di husband no baiy for ram so dat make im gree go home. Bicos enitime wey im husband say make im go home im no go gree bicos im dey fia say di husband fit mari anoda wife. Di tin bi say tu of dem tu fait, if papa Angelina tok wan mama Angelina go tok tu. Some times sef na mama Angelina dey fest slap am. Papa Angelina no fit tok to eni gel for di compound bicos di wife go say im wan chase di gel or di gel naim gel fren. Evun sef di wife don fait wan gel and im broda for di compound bicos im say di gel na im husband gel fren bicos im husband an di gal dem dey grit well well. Di fait wen dem fait dat no bi small fait. Mama Angelina bi like our politicans dem wey be say wen election start for naija, na so so fait for dem party sake of say everi bodi dey jelouse dem self. Di tin wey election don cause for Naija no be small. If na to start to kill pipo dem na di season, to steal money na di season, to make scandal for person na di season, rigi wow dat na di gradfada of dem all. Mai pipo di wahala no bi small for di election time. Na so mama Angelina im bi for charater, na mama Angelina take bigstick take scata di man head. Since wen e broke im husband head im no dey gree come out again. Dat dey mama Angelina naked for di fait but im no kia shishi. Na so e naked dey fait di man. Di mama Angelina dey strong nobi small. Wetin cause di fait na like all di problem wey dey during election time, Election violence don dey since long time for naija an we no see how di wahala go go away. Nigeria election na still gun shot to violence. Naija get long history for violence during elections time an e dey sadly con still manifest again for 2023. Mani mani newspaper say deaths from the 2023 election don climp up to 39% so dem European Union take talk for media talk talk day say na like 45 pipo bi official figures wey dem fit talk now say dem still dey wait for di rest dem from place wey dem never get dem own number of pipo wey payi for election an even police dem never release from police or di electoral commission. Just like mama

Angelina dat day bi say im say make di husband bring moni. Naim di man tell am say im no get moni say bizness no gud dat day. Di man na draiva. Di man tell am say im moto don spoil e don reach wan week say im still dey repia di moto. Naim di wuman say di man dey krace. Wen di man wan comot naim di wuman holam for clot say im man must bring moni for chop. Mama Anglin an realy like watin dey happen for politance dem wey no get moni na so dem dey do. Di husband come beg am e say im no gree. Na disame violence dem voters dem dey do. Wey dem buku pipo dem call "deliberate disenfranchisement of eligible voters" dis na strategy wey dem create make dem take influence di outcome for election day so dat to disceourag an konni make voters dem make dem no vote. Di increase for di use of technology this 2023 Nigerian elections if dem use am well di tin for don reduce di kind of rigging happen for example like ballot box thief theif an loading, multiple voting, over voting, change change of original results, an mani mani relate election trick dem. Make we even lok am wit awa history, From di first republic – 1 October 1960 to 15 January 1966 – rigging don dey inside elections blood for Naija. Na di same tin happen for 2003 an 2007 elections. Even dem come graduate sote, some Naija politicians dem don get resorte to voter suppression make dem take tie down dem political rivals dem. Una no hear am from me oooo na di tin wey una see for una koro koro eye. Di tin happen for di governorship an state assembly elections for all dis state dem: Lagos State. Voters suppression happen for Abia, Borno, Delta, Edo, Enugu, Kaduna, Kano, Kebbi, Kogi, Nasarawa, Ogun, Sokoto, and Rivers States. Na so Mama Anglina an im husban dem come drag am so tey di tok come reach for public from dia fait burst. All di husband sista and broda evun im mama and papa no dey gree come dia again bicos di wuman no dey respect dem. Di wuman na Jezibel nomba wan. Im just get human body laik human skin nobi say im bi human bin. Im no get fren for dat compound atall atall.

Di day wen im hed go scata im go curse everi- body well well. E get wan day wen im kworel with wan man. Wen day break im cari wata pour for di man dor-mot. Di wata come enta di man house come spoil im rogi. And di man no dey house. Im travul. Wen di man come return im come opun im house im house come dey smell laik dedi body Dat day nobi sumall tin. Di wuman don give di husband mark for im body plenty times. Di man don trai to send di wuman home plenty times e no work bicos di wuman say im no go lailai; say na im an di man go dai. But di husband na genturu man. To cut di long tori short na wen kakakata come dey for Lagos bicos of di ompas naim di husband come take stail play di wife. Di wife come gree say im go go home with Angelina. And e don reach four yias wen dem don born Angelina and dem neva cariam go home. E tell am say dem go come back middle of Septemba. Just like the election for 2023 wey di tin no get head till Septemba, bicos of di Ethnic politics kata kata wey dey on di rise, di election come open yanshi well well of ethnic resentment an tension dem, especially for Lagos State. Ethnic politics na di grand farda of trick wey don dey Naija since Nigeria politics for long long time. Na di trick naim papa Angelina use for im wife. As mama Angelina jus go home papa Agelina with im pipo dem come go home go tell mama Agelina pipo say dem no mari again. Bifor dem go home papa Agelina don put di wuman for im house. As dem jus come back im jus mari di new wife kwick kwick. Mama Agelina bin tink say na play play but wen im come send all im propati go home im come know say di tin don pass for play. I no fit tell una everi wuman wey go for new yam festival dey los im husband. Dem plenty.

Dis na mai own advice for Japas pipo dem I beg una efen una wan Japa make una dey fly go wear ani una obodo land wey una wan japa to. Make una forget wata and desert road oooooo. Di tin no wort our life ooooo pipo beg una. Mani mani pipo don payi for notin sake of say dem wan japa, an some wey make am, dem still send dem back to dem land back. E no get head if person payi wen dem no drive am commot for im obodo land. Make god helep all of us oooo.

Index

Index

Index

Index

www.ingramcontent.com/pod-product-compliance
Lightning Source LLC
LaVergne TN
LVHW041102150826
845673LV00007B/1883

* 9 7 9 8 8 9 3 8 3 5 9 5 3 *